1001

MONTRES

DES MODÈLES DE 1925 À NOS JOURS

Copyright © Parragon Books Ltd

Parragon Books Ltd
Queen Street House
4 Queen Street
Bath BA1 1HE, Royaume-Uni

Conception et réalisation : Heel Verlag GmbH, Königswinter
Gut Pottscheidt
53639 Königswinter
Allemagne

Textes : Martin Häußermann
avec la collaboration de Peter Braun et Gerhard Claußen
Maquette et mise en page : Grafikbüro Schumacher,
Königswinter
Gravure : Colibri, Petra Hammermann, Königswinter

Les photographies proviennent des collections personnelles
de l'auteur et de l'éditeur de l'édition originale

Copyright © Parragon Books Ltd 2007
Cette édition publiée en 2011
pour l'édition française
Réalisation : InTexte, Toulouse
Traduction de l'anglais : Claude Checconi, Marion Mauguière

ISBN 978-1-4454-0144-7

Imprimé en Chine
Printed in China

1001
MONTRES

DES MODÈLES DE 1925 À NOS JOURS

MARTIN HÄUSSERMANN

Bath · New York · Singapore · Hong Kong · Cologne · Delhi
Melbourne · Amsterdam · Johannesburg · Auckland · Shenzhen

ROME

9

18

16

14

12

BANGKOK

KYO

SWISS MADE

SOMMAIRE

Chères lectrices, chers lecteurs,

Soyons honnêtes : les montres mécaniques sont de véritables anachronismes. En effet, une montre à pile à quartz vendue pour 20 euros indique l'heure avec au moins autant de précision. De plus, les téléphones portables, les agendas électroniques, les tableaux de bord des voitures et des cockpits comportent maintenant tous des horloges. Malgré tout, nous n'arrivons toujours pas à nous passer de nos montres mécaniques, en dépit de la modernité de notre époque ou peut-être précisément pour contrebalancer l'overdose d'appareils numériques qui nous menace au quotidien, au travail comme à la maison. La montre mécanique nous invite à la voir non pas seulement comme un simple outil mais plus comme une œuvre d'art. Elle devient l'expression de notre style personnel, nous accompagne fidèlement lors de nos déplacements et continue de nous donner l'heure, grâce à un remontage automatique ou manuel, quand les batteries d'un téléphone portable ou d'une montre à quartz nous auraient déjà fait défaut, ce qui arrive toujours de façon inopinée et au pire moment possible.

Enfin, à une époque où l'on prêche la longévité en toutes choses, il est difficile de passer à côté de la montre mécanique. C'est un objet que l'on achète pour toute une vie, voire plus. Tandis que les batteries et, tôt ou tard, la montre à quartz elle-même, finissent à la poubelle, les montres mécaniques se transmettent de génération en génération. Parallèlement à tous les arguments matériels dont les hommes en particulier ont besoin pour justifier des achats inutiles comme l'acquisition de voitures puissantes, de fabuleux avions ou même de montres coûteuses, avouons-le

tout simplement, posséder de tels objets nous apporte un plaisir fou.
L'embarras du choix s'offre toutefois toujours à nous, même en matière
de montres. Les hommes à l'esprit pratique opteront de préférence pour
une montre automatique à la lecture facile, éventuellement avec affichage
de la date. Ceux de nature plus espiègles choisiront un chronographe
dont la fonction chronomètre n'est pas utilisée uniquement pour mesurer
des performances sportives mais également pour surveiller la cuisson
d'un steak ou d'un œuf. Les adeptes de plongée sous-marine s'achèteront
des montres de plongée spéciales, les pilotes, mais aussi ceux qui aimeraient
bien l'être, s'offriront une montre d'aviateur. Les globe-trotters, enfin,
se décideront pour une montre affichant différents fuseaux horaires.
Vous trouverez dans cet ouvrage les modèles de montres les plus variés
classés par destination et par fonction, accompagnés de plus de mille
photographies illustrant près de 100 ans d'histoire de la montre-bracelet.
Vous trouverez aussi des informations utiles et des anecdotes sur
les différents types de montre. En refermant ce livre, vous ne connaîtrez
pas seulement l'histoire du tourbillon mais également la différence
entre chronographe et chronomètre.
À propos des chronomètres : les montres mécaniques sont d'une grande
précision. Une montre de qualité, réglée spécialement par un horloger
pour son destinataire, avance ou recule au maximum de cinq secondes
par jour, ce qui correspond à une précision de 99,9998 %.
L'éditeur tient à remercier tout particulièrement les auteurs et
les photographes, qui ont non seulement contribué à la réussite de ce livre
mais témoignent, par leurs contributions régulières au magazine
ArmbandUhren, de leur grand niveau d'expertise en matière d'horlogerie.

MARTIN HÄUßERMANN

1. MONTRES POUR HOMME

L'horloge est le plus ancien appareil mécanique indépendant que nous connaissons. La possibilité de mesurer quelque chose d'aussi diffus que le temps contribue à la fascination qu'exerce cet instrument depuis toujours. En outre, la montre mécanique est l'une des machines les plus précises qui soit. Au fil des pages suivantes, qui sont illustrées par les plus belles montres pour homme des quatre-vingt dix dernières années, nous tenterons de vous présenter le fonctionnement du mouvement d'horlogerie mécanique.

Audemars Piguet
Chronomètre, or jaune, remontage
manuel, calibre VZSS, 1951

D'un point de vue purement pratique, on pourrait aisément se passer de la montre-bracelet. Nous sommes en effet entourés d'indications de l'heure où que nous nous trouvions. On peut la lire sur les écrans d'ordinateur, téléphones portables, dans la voiture et dans tous les endroits publics. Pourtant, les hommes aiment porter des montres car elles sont le seul bijou qui leur semble légitime, mais aussi parce que la technique qui anime ses chefs-d'œuvre de micromécanique les fascine. Vous apprendrez au fil des pages suivantes comment les minuscules mécanismes contenus dans les montres les plus prestigieuses fonctionnent.

Le mouvement d'horlogerie peut être grossièrement décomposé en quatre éléments : le moteur, le rouage, l'échappement et l'organe régulateur. Pourtant, si l'on s'en tient à ce découpage, deux groupes d'éléments primordiaux restent exclus :

Audemars Piguet
Extra-plat, platine, remontage
manuel, calibre AP 2003, 1999

Audemars Piguet
Montre pour homme pour Cartier,
or jaune, remontage manuel,
calibre 2001LEC, 1955

Audemars Piguet
Heures sautantes, or blanc,
remontage manuel, 1925

20

Audemars Piguet
Millenary Automatic, or jaune, automatique,
calibre AP 2125, 1999

la minuterie, qui transforme le mouvement continu d'un mécanisme d'horlogerie en un affichage pratique avec des aiguilles et un cadran, et ce que les horlogers appellent le remontoir.

Le remontoir

« Est-ce que je peux tourner la molette de ma montre dans les deux sens pour la remonter ou seulement dans un sens ? », est l'une des fréquentes questions posée aux horlogers par les personnes possédant une montre mécanique à remontage manuel. Les spécialistes ont en général tellement de difficultés à expliquer les particularités techniques qu'ils se contentent de répondre qu'il est égal, lorsque l'on remonte sa montre, de tourner la « molette » (la couronne de remontoir) entre le pouce et l'index vers l'avant et l'arrière ou bien toujours dans la même direction. Le résultat est

Audemars Piguet
Automatic, or blanc, automatique,
calibre K2072, 1965

Audemars Piguet
Montre pour homme à affichage numérique, or blanc,
remontage manuel, calibre GHSM, 1929

Audemars Piguet
Jules Audemars 3120 « Globe », or rouge, automatique,
calibre AP 3120, 2006

Audemars Piguet
Royal Oak « Jumbo », acier,
automatique, calibre AP 2121, 2006

Audemars Piguet
Edward Piguet Automatic, or rouge,
automatique, calibre AP 2121, 2006

Remontoir manuel Officine Panerai avec réserve de marche de huit jours

Baume & Mercier
Hampton, acier, automatique,
calibre Baume & Mercier BM 13750
(base ETA 2000), 1999

également le même car la montre ne sera effectivement remontée que dans un sens, c'est-à-dire la plupart du temps en tournant la couronne dans le sens des aiguilles d'une montre (par rapport au centre de la couronne).

Si on la tourne dans l'autre sens, on ne ressent quasiment aucune résistance car on tourne dans le vide. Le pignon coulant et la roue d'embrayage glissent l'un contre l'autre, les deux éléments ayant des dentures en dent de scie. Nous serions déjà ainsi au beau milieu de l'engrenage.

La liaison entre le mouvement d'horlogerie et le monde extérieur se fait par un étroit axe en acier comportant à l'une de ses extrémités un long pivot qui tourne dans la platine de la montre. Son autre extrémité, qui sort du mouvement, comporte une partie filetée sur laquelle est vissée la couronne de remontoir. La tige présentée ici est habituellement désignée par le nom de « tige de remontoir » ce qui n'est pas tout à fait exact, puis-

qu'elle sert aussi à régler l'heure, c'est-à-dire à corriger la position des aiguilles. Sur les montres-bracelets modernes, on trouve, en plus des fonctions « remontage » et « réglage de l'heure », la fonction « réglage rapide de la date » que l'on atteint en tirant la tige vers un troisième cran.

Le moteur

Le moteur d'un mouvement d'horlogerie n'a dans le principe pas été modifié depuis des siècles : une longue bande plate en métal est suspendue par ses deux extrémités et tordue en spirale. La force contraire qui en résulte entraîne le mouvement. Avec les premières montres portables, on a dû abandonner l'optimum des horloges à rouage, le poids moteur. La mobilité des instruments horaires ne fut possible qu'au prix d'une force motrice irrégulière. Une horloge murale ou de parquet avec poids moteur est entraînée par un couple toujours identique. Les améliorations de

Blancpain
Villeret ultraplate, acier, automatique,
calibre Blancpain 1153, 2006

Baume & Mercier
Classima, or jaune, automatique,
calibre Baume & Mercier 18922
(base ETA 2892-A2), 1999

Baume & Mercier
Hampton Classic, or jaune, mouvement
à quartz, ETA 901.001, 2006

Blancpain
Montre ultraplate, or jaune,
automatique, calibre
Blancpain 1735, 1999

Blu
Terzett, or rose, automatique, calibre
blu-Orbit (base ETA 2892-A2), 2006

Baume & Mercier
Classima Executives XL, acier, remontage manuel,
calibre BM 16498 (base ETA 6498-2), 2006

23

Rainer Brand
Panama, acier, automatique,
calibre ETA 2892-A2, 1999

Martin Braun
Bigdate, acier, automatique,
calibre TT 651 (base ETA 2892-A2),
2006

Breguet
Remontage manuel, or jaune,
calibre Breguet 530, 1999

la précision de marche du mouvement ne sont nécessaires et possibles qu'avec les systèmes à rouage, échappement et oscillateur (balancier/pendule). Ce n'est pas le cas des mécanismes à ressort dont l'une des causes possibles de l'imprécision réside d'abord dans la détente du ressort-moteur dont l'énergie fournie n'est pas linéaire mais suit une courbe.

Le ressort

Le ressort-moteur est la centrale énergétique qui maintient le mouvement en marche. Le mouve-

ment d'horlogerie à ressort est la seule machine qui peut fonctionner, après alimentation initiale en énergie, durant 45 heures, voire 50 heures pour les montres automatiques modernes, sans autre apport de carburant, d'air comprimé ou de vapeur. Aucune turbine ne peut tourner sans un apport continu de vapeur, aucun moteur de voiture ne peut assurer la combustion sans ajout de carburant et les foyers modernes courraient à leur perte sans électricité. Les montres à quartz et les voitures ont un point commun : si le réservoir – la pile-bouton – est vide, les deux objets ne servent plus qu'à nous démontrer notre dépendance à leur égard. La question de savoir si un

Bunz
Moontime, acier/or jaune,
automatique, calibre ETA 2892-2,
1999

Bulova
Édition limitée, or jaune,
automatique, calibre ETA
1120, 1999

Breguet
Tonneau, or jaune,
automatique, calibre
Breguet 532, 1999

Breguet
Classique Extra Plate, or jaune,
automatique, calibre Breguet 502.3,
2006

Bvlgari
Bvlgari, platine, automatique,
calibre Bvlgari BU220 (base Girard-
Perregaux 220), 2006

Bvlgari
Bvlgari Moon Phases, or blanc,
automatique, calibre LIP 3103
(base ETA 2892-A2), 2006

Cartier
Square, or jaune, remontage
manuel, 1970

Cartier
Santos Dumont, or jaune, remontage
manuel, calibre 21, 1980

Cartier
Crash Watch, or jaune, remontage
manuel, 1991

ressort-moteur est, pour pousser les choses à leur paroxysme, un carburant ou un moteur n'amène pas de réponse facile : il est les deux à la fois.

Il ne faut cependant pas s'imaginer le ressort d'horlogerie comme un élastique que l'on peut étirer et qui, quand on le relâche, se détend et redevient tout mou. Même le ressort d'un mouvement qui doit être remonté possède encore une tension résiduelle considérable et s'allongerait encore un peu s'il en avait la place. Les ressorts-moteurs sont en acier trempé, ils possèdent un système moléculaire très dense et sont en conséquence très cassants. Le remplacement de ressorts-moteurs qui s'étaient cassés sans raison particulière, faisait autrefois partie du travail quotidien de l'horloger à une époque où l'on utilisait encore exclusivement des ressorts en acier laminé à froid qui n'ont plus cours aujourd'hui.

« J'ai trop remonté ma montre », voilà une phrase que les horlogers entendaient souvent de la bouche de leurs clients, persuadés d'avoir commis une erreur. Pour en finir une bonne fois pour toutes avec une fausse idée très répandue : même les femmes possédant une petite montre devraient utiliser une pince pour parvenir à « trop tourner » le ressort de leur mouvement miniature. Cela est d'autant plus valable aujourd'hui que les ressorts utilisés dans les montres modernes sont incassables en usage normal. Il existe cependant comme toujours des exceptions qui confirment la règle. Les ressorts qui devaient autrefois être si fréquemment remplacés par les horlogers étaient de simples bandes d'acier plates qui avaient gagné de l'élasticité par une trempe finale ou un traitement à chaud ou bien en recevant une tension propre par un procédé de laminage à froid.

Cartier
Reverso, or jaune, remontage
manuel, calibre 838/1, 1980

Cartier
Santos 100, or rouge, calibre Cartier 49 (base ETA 2892), 2006

Cartier
Roadster XL, acier, automatique, calibre Cartier 8500
(base ETA 2893), 2006

Cartier
Pasha de Cartier, or blanc,
automatique, calibre Cartier 115,
affichage 24 heures, 1999

Ces ressorts possèdent un trou à chacun de leur extrémité. Le ressort est fixé par l'un de ces trous au crochet porté par ce que l'on appelle la bonde. L'autre extrémité du ressort est suspendue au crochet du barillet, dans lequel le ressort s'enroule alors en spirale.

Dès que la tige de remontoir de la montre est tournée et que cette rotation est transmise au rochet par le pignon coulant, la roue d'embrayage et la roue de couronne, l'apport d'énergie est amorcé dans le mouvement. À ce moment, le ressort, suspendu par l'un de ses trous à un crochet porté par la bonde et qui reposait jusqu'alors fermement contre la paroi du barillet, est tiré vers le milieu de ce dernier. À chaque tour de la couronne, le ressort s'enroule de plus en plus près de la bonde. Il essaie ainsi de « repousser derrière lui » le barillet, pour se détendre aussi loin que possible. Le barillet commence alors à tourner et entraîne avec sa couronne dentée le rouage du mouvement.

Force motrice

Les ressorts modernes

Le développement des ressorts utilisés de nos jours est dû à l'ingénieur suisse Max Straumann qui présenta au début des années 1950 une innovation dans le domaine des ressorts d'horlogerie : la « Nivaflex ». Après de nombreuses expérimentations, Max Straumann avait réussi à créer un alliage de fer-nickel-chrome-cobalt-béryllium et d'autres composants. Les ressorts-moteurs fabriqués dans cette matière sont incassables, ne rouillent pas, résistent à la déformation et sont pratiquement amagnétiques. Un ressort en Nivaflex peut être remonté 10 000 fois sans perdre sa force et assure donc son service, si l'on part du principe d'un remontage quotidien, pendant plus de 27 ans avec fiabilité. Les ressorts utilisés aujourd'hui sont recouverts d'un revêtement glissant spécial qui permet de supprimer la lubrification par l'horloger et réduit la friction des éléments du ressort.

Chopard

Tonneau Réserve de marche, or jaune, automatique, calibre Fréderic Piguet 9644, indication de la réserve de marche, 1999

Chopard

L.U.C. 1.96, or jaune, automatique, calibre L.U.C. 1.96, certifié chronomètre (COSC), 2006

Chronoswiss

Régulateur Rectangulaire, or jaune, remontage manuel, calibre FHF 29 (année de fabrication 1934), 1993

Chopard

St Moritz, acier, automatique, calibre Jaeger-LeCoultre 889, 1999

Chopard

L.U.C. Quattro, platine, remontage manuel, calibre L.U.C. 1.98, certifié chronomètre (COSC), 2006

Chronoswiss

Régulateur, acier, automatique, calibre Chronoswiss C.122 (base Enicar 165), 1999

29

Chronoswiss
Kairos, acier, automatique, calibre
de base ETA 2892-2, 1999

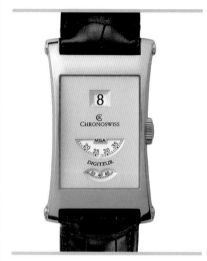

Chronoswiss
Digiteur, or rouge, automatique,
calibre FEF 130, 2006

Le rouage

Dans un mouvement d'horlogerie mécanique, les composants du rouage ont le rôle d'un ouvrier, dont les performances ne sont pratiquement pas mentionnées mais sont pourtant indispensables au bon fonctionnement de l'ensemble. Il est rare que les « ouvriers du département rouage » apparaissent au grand jour. Balancier et ancre, aiguilles et cadran, sont constamment sous les feux de la rampe. Mais qui sait ce qu'est une roue moyenne ou un pignon de seconde ? Ces ouvriers, méconnus, font en sorte que la force du ressort-moteur, une fois transformée, arrive dans l'organe régulateur. « C'est réglé comme une horloge », dit-on parfois pour souligner que quelque chose fonctionne particulièrement bien. En effet, un rouage réalisé avec précision et fonctionnant sans faille est l'un des prérequis indispensables pour qu'un mouvement d'horlogerie chemine de façon satis-

Chronoswiss
Orea, acier, remontage manuel,
calibre Chronoswiss C.111, 1999

Chronoswiss
Régulateur, or jaune, automatique,
calibre Chronoswiss C.122
(base Enicar 165), 2006

faisante. En horlogerie, le « rouage » désigne tout d'abord l'ensemble des roues et des pignons qui débute à la couronne dentée du barillet pour se terminer au pignon de la roue d'échappement.

Deux systèmes de calcul

Des travailleurs qui passent inaperçus et portent des noms étranges

Les roues d'un mouvement d'horlogerie portent pour les non-initiés des noms parfois ambigus. Ainsi la roue de centre ou roue des minutes ne s'appelle pas ainsi parce qu'elle effectue un tour complet une fois par minute mais parce qu'elle supporte l'aiguille des minutes. Il en va de même pour la roue des secondes sur laquelle repose l'aiguille des secondes mais qui effectue

pourtant un tour complet en une minute. En citant l'exemple de ces deux roues, il apparaît évident que le constructeur n'est pas totalement libre durant le développement d'un mouvement d'horlogerie. Il doit placer la roue des minutes et son pignon de façon à ce qu'elle effectue un tour complet en une heure tandis que la roue des secondes doit en faire 60 pendant le même laps de temps. La vitesse des autres roues du mouvement, le nombre de dents choisi pour chaque pignon et chaque roue, la longueur et la force du ressort-moteur utilisé ou encore le nombre d'oscillations effectuées par le balancier par heure, n'ont pas d'importance pour l'indication de l'heure, tant que les rapports sont choisis de telle façon à ce que la roue des minutes et celle des secondes respectent le couple prescrit.

Corum
Admiral's Cup, acier, mouvement
à quartz, calibre ETA 256-111, 1999

Cimier
C1951 Automatic, acier, automatique,
calibre ETA 2836-2, 2006

Frédérique Constant
Classic Heart Beat Manufacture Moon, acier,
remontage manuel, calibre Frédérique Constant
FC 915, avec indication des phases de lune, 2006

Corum
Golden Bridge, or jaune, remontage
manuel, calibre Corum Golden
Bridge, 1999

Élégantes montres pour homme avec boîtier en acier doré Edox, Cimier et Davosa

33

Corum
20 $ Montre-monnaie, or jaune,
automatique, calibre Corum CO 082
(base ETA 2892-A2), 2006

Cuervo y Sobrinos
Prominente S.T., acier, automatique,
calibre ETA 2671, 2006

Cyclos
a.m./p.m., acier, automatique, calibre Cyclos CW 1 (base ETA
2992-A2), certifié chronomètre (COSC), avec longueur réglable
de l'aiguille de l'heure, 2006

Corum
Bubble Skeleton, acier, automatique,
calibre ETA 2892-A2, mouvement
entièrement squelette, 2006

La roue des heures, portant ce que l'on appelle couramment la « petite » aiguille, ou l'aiguille d'heure, effectue un tour complet en douze heures. Elle ne fait cependant plus partie du rouage mais appartient à la minuterie. Ces spécificités de construction ne prennent toute leur signification que lorsque l'on pense à la durée durant laquelle une montre fonctionne après avoir été remontée ou au type d'échappement ou d'oscillateur à utiliser. En effet, la roue des minutes n'effectue un tour complet qu'une fois par heure. En sélectionnant les autres composants du mécanisme pour les faire interagir de telle ou telle façon, l'horloger essaie d'atteindre l'optimum : faire en sorte que la roue des minutes fasse un tour complet en une heure précisément, et que celle des secondes fasse son tour, à son rythme saccadé, précisément 60 fois en une heure. Le mouvement d'une montre-bracelet remontée à bloc tournerait en moins d'une minute s'il n'en était empêché par le balancier et l'échappement. Le seul signe extérieur indiquant leur travail est la façon saccadée avec laquelle l'aiguille des secondes effectue sa rotation.

Davosa
Classic, acier, remontage manuel,
calibre ETA 2804, 2006

De Grisogono
Instrumento n° Uno, acier, automatique,
calibre ETA 2892-A2 avec module
pour second fuseau horaire, 2006

Du Bois & Fils
Montre Classique, or jaune,
automatique, calibre ETA 2892-A2,
2006

Delma
Le Brassus, acier, automatique, calibre
ETA 2892-A2, 1999

Dubey & Schaldenbrand
Aerodyn Chronometer, acier,
automatique, calibre ETA 2892-A2
avec affichage 24 heures, 1999

Delma
Klondike 1998, or jaune, automatique,
calibre ETA 2892-A2, indication de la réserve
de marche et affichage 24 heures, 1999

Dubey & Schaldenbrand
Aerodyn Trophée, or rose, calibre
Aurore 19, 2006

Ebel
1911, acier, mouvement à quartz,
calibre Ebel 187, 1999

Eberhard
Aqua 8, acier, remontage manuel,
calibre de base ETA 7001 Peseux
avec module pour réserve de marche
de 8 jours, 1999

Enigma
Bezel Manual Winder, acier, remontage manuel, calibre ETA 7001
Peseux, indication de la réserve de marche, remontage et réglage
des aiguilles avec lunette tournante, 1999

Louis Erard
Longue Ligne Réserve de marche, acier, remontage manuel,
calibre ETA 7001 Peseux, indication de la réserve de marche,
1999

Eterna
KonTiki 20, acier, automatique,
calibre Eterna 1489K, 1968

Louis Erard
Héritage Cadran Paris, acier,
automatique, calibre ETA 2824-2, 2006

Eterna
1935, acier, automatique, calibre ETA
2681, 1999

Eberhard
Les Grandes Courbées, acier, automatique,
calibre Eberhard 3513 (base ETA 2892-A2),
indication de la réserve de marche, 2006

L'entraînement imparfait

Chaque engrenage représente fondamentalement
une concession entre les possibilités physiques
théoriques et ce qui peut être effectivement réalisé dans la pratique. Théoriquement, un engrenage est idéalement composé de deux disques
tournant l'un sur l'autre sans friction. Malheu-
reusement, cet entraînement parfait ne prend
pas en compte les dures réalités de la pratique,
comme l'usure des deux surfaces roulant l'une
sur l'autre, le glissement (patinage des disques
l'un sur l'autre), l'imprécision de l'agencement,
les balourds et de nombreux autres facteurs.

En conséquence, on a opté dans la construction
de machines-outils comme dans l'horlogerie pour
la solution de rechange, certes moins bonne mais
plus pratique à réaliser, la denture. Tandis que
dans les machines-outils, les roues dentées ont le

Eterna
Porsche Design P 10, acier,
automatique, calibre Eterna-Matic
633 (base ETA 2824-2), 1999

37

Eterna
1948 Grand Date, acier,
automatique, calibre Eterna 608
(base ETA 2892-A2), 2006

Fabergé
Agathon, or blanc, automatique,
calibre ETA 2892-A2, 2006

Gérald Genta
Retro Les Fantasies, acier, automatique,
calibre Gérald Genta GA3 (base ETA
2892-A2) 1999

Jacques Etoile
Lune & Étoile, acier, automatique,
calibre ETA 2824-A2 avec indication
des phases de lune, 2006

plus souvent des dents triangulaires, dont les pointes sont aplaties, l'horlogerie utilise ce que l'on appelle la denture (pseudo)-cycloïdale.

Sur ce type de denture, les dents ont des flancs au profil arrondi, presque en demi-cercle, et peuvent donc parfaitement « rouler » les unes sur les autres. La friction qui s'exerce entre les roues et qui diminue la force, peut ainsi être réduite. Dans un mouvement d'horlogerie, deux roues ne s'engrènent quasiment jamais, en général une roue engrène avec un pignon. Le pignon est dans le jargon de l'horlogerie une roue dentée comportant moins de 15 dents. Ils sont généralement composés d'acier trempé et poli, tandis que les roues d'horlogerie sont fabriquées en laiton (plus rarement en alliage béryllium-bronze).

Le barillet d'un ressort d'horloge murale remonté au maximum ne peut pas être retenu à mains nues. « Les rouages convertissent des couples élevés avec un petit nombre de tours... » – la roue d'échappement de la même horloge ne bouge pas lorsqu'on la touche du bout du doigt – « ...en

des couples faibles avec un grand nombre de tours. » Cet exemple illustre clairement combien la perte d'énergie est grande dans un tel mouvement et à quel point les forces qui entraînent le minuscule mouvement d'une montre pour dames doivent être faibles au départ.

Beaucoup d'énergie durant peu de temps

Le fonctionnement d'un mouvement sans échappement se différencie peu des jouets à ressorts négociés aujourd'hui à prix d'or (devant être remontés toutes les deux minutes). Comme les mouvements d'horlogerie ne possèdent pas de rapports de transmission de 1:1 (excepté dans la minuterie sous une forme indirecte), le nombre de tours change à chaque engrènement. Le couple diminue simultanément de façon notable. En comparaison avec la force qui arrive à la roue d'échappement, le couple transmis par le ressort-moteur au barillet est énorme. La modification du nombre de tours qui se produit entre le barillet et la roue d'échappement est aussi énorme.

Girard-Perregaux
Ferrari President, acier, automatique,
calibre Girard-Perregaux 2200, 1999

Gérald Genta
Backtimer, or blanc, automatique, calibre basique
Jaeger-LeCoultre 899 avec compte à rebours à trois chiffres, 1999

Girard-Perregaux
Vintage 1945, acier/or rose, automatique, calibre
Girard-Perregaux 3000, 1999

Paul Gerber
Modèle 33 Phase de Lune, or rose, remontage manuel, calibre
Gerber 33 avec indication des phases de lune, 2006

Paul Gerber
Retro Twin, or jaune, automatique, calibre Gerber 15
(base ETA 7001), petite seconde rétrograde, 2006

**Glashütter
Uhrenbetrieb GUB**
Montre pour homme Q1, or jaune,
remontage manuel, calibre GUB 28,
1950

Glashütte Original
Julius Assmann 2, or rose, remontage manuel, calibre Glashütte Original 52, cadran en porcelaine de Meissen, 1999

Glashütter Uhrenbetrieb GUB
Spezimatic, or jaune, automatique, calibre GUB 661, 1955

Glashütte Original
Senator Automatic Date Panorama, or rose, automatique, calibre Glashütte Original 39-41, 1999

Glashütte Original
Carrée Petite Seconde, or rose, remontage manuel, calibre Glashütte Original 42-05, 1999

Glashütte Original
1845 Régulateur, or rose, remontage manuel, calibre Glashütte Original 49-04, 1999

Glashütte Original
Senator Automatic, or rose, automatique, calibre Glashütte Original 39-10, 1999

Lorsque le lourd barillet a tourné une fois, la roue d'échappement, plus pressée, a déjà enregistré une centaine de tours. En conséquence, il arrive parfois qu'un fragile pivot de la roue d'échappement, en particulier lorsque le film d'huile qui l'entoure n'est plus en parfait état, soit arraché sous l'effet de sa propre vitesse lorsque le mouvement complètement remonté tourne sans être freiné.

Sans échappement, ou pour être plus précis sans ancre, un mouvement d'horlogerie remonté au maximum s'arrête rapidement. Sur les montres cela se produit en moins d'une minute, sur les horloges cela peut prendre jusqu'à une demi-heure. L'échappement sert donc d'une part à empêcher le déroulement rapide et incontrôlé du rouage. D'autre part, la force du ressort-moteur véhiculée par le rouage, et fortement réduite pendant ce cheminement, est convertie et transmise à l'organe régulateur.

L'échappement

En horlogerie, la question de l'échappement ne peut être évitée : c'est un élément indispensable qui permet de transformer une petite machine animée par des ressorts en un instrument de mesure du temps. Il est à la fois gardien et agitateur.

L'échappement se compose de l'ancre et de la roue d'échappement. Le nom donné à l'ancre vient de sa forme qui rappelle tout à fait l'ancre d'un bateau.

La fonction de l'échappement consiste en premier lieu à stopper, à empêcher la rotation des roues du mouvement. De plus, il doit simultanément transformer le mouvement de rotation de la roue d'échappement pour entretenir les oscillations de l'organe régulateur (balancier ou pendule). L'organe régulateur empêche à son tour l'échappement de se bloquer totalement,

Harwood
Automatic, acier, automatique, calibre ETA 2892-2, remontage et réglage de l'heure par lunette tournante, 1999

Glashütte Original
PanoReserve, or rose, remontage manuel, calibre Glashütte Original 65-01, indication de la réserve de marche, 2006

Glashütte Original
PanoMaticLunar, acier, automatique, calibre Glashütte Original 90-02, indication des phases de lune, 2006

Harwood
Automatic Louis Reguin, acier, automatique, calibre ETA 2892-2, remontage et réglage de l'heure par lunette tournante, 2006

41

Heuer
Solunar pour Abercrombie & Fitch, acier, remontage manuel, indication des marées sur la position 6 heures, 1948

Hermès
Dressage, or rouge, calibre Vaucher P 1928, 2006

Hublot
Elegant, or jaune, automatique, calibre Frédéric Piguet 9511, 1999

IWC
Montre pour homme, argent, remontage manuel, 1918

car le pendule ou le balancier obligent l'échappement à relancer progressivement la rotation du rouage, à le laisser « s'échapper » par petites impulsions.

Alors qu'en français et en anglais, les termes sont similaires – l'anglais utilise le mot « escapement » – en allemand, l'échappement se nomme « Hemmung », c'est-à-dire le freinage, le ralentissement, le blocage. Dans le mouvement d'horlogerie allemand, on retient, on freine, on bloque ; dans les instruments de mesure du temps français et anglo-saxons, on libère. Mais pour rétablir la vérité, les mouvements de l'horlogerie en France et en Angleterre doivent eux aussi être d'abord freinés avant que le rouage puisse être libéré.

Malgré tout, en dépit de l'action de l'échappement, il continue de se dérouler à une vitesse impressionnante. Dans les mouvements mécaniques modernes, la roue d'échappement avance à une fréquence de 28 800 alternances par heure. L'ancre est balancée à la même vitesse de gauche à

IWC
Yacht Club II, acier, automatique, calibre IWC 3254, 1976

IWC
Montre pour homme, or jaune, remontage manuel, calibre IWC8, 1941

IWC
Ingénieur SL, or jaune, automatique, calibre IWC 8541B, protection contre les champs magnétiques par un boîtier interne en fer doux, 1973

IWC
Portugaise, acier, remontage manuel, calibre IWC 982, 1975

IWC
Portugaise Automatic, platine, automatique, calibre IWC 887/2, 1999

IWC
Ingénieur, acier, automatique, calibre IWC 8531, seuls 250 exemplaires furent assemblés avec ce cadran, 1960

43

IWC
Ingénieur Automatic, acier, automatique, calibre IWC 80110, protection contre les champs magnétiques par un boîtier interne en fer doux, 2006

IWC
Portofino Automatic, or rouge, calibre IWC 30110 (base ETA 2892-A2), 2006

IWC
Portugaise Automatic, or blanc, automatique, calibre IWC 50010, réserve de marche de 8 jours, 2006

Jaeger-LeCoultre
Montre pour homme avec affichage numérique, or rose, remontage manuel, calibre JLC 480CW, 1950

Jaeger-LeCoultre
Reverso, acier, remontage manuel, calibre JLC, 1935

Jaeger-LeCoultre
Master Ultrathin, or rouge, automatique, calibre JLC 849, 1999

44

Jaeger-LeCoultre
Master Control, or rouge, automatique,
calibre JLC 899, 2006

Jaeger-LeCoultre
LeCoultre Futurematic, or jaune,
automatique, calibre JLC 497,
avec indication de la réserve de marche
et automatique à marteau, couronne
au dos de la montre, 1940

Jaeger-LeCoultre
Reverso Classique, or jaune,
remontage manuel, calibre JLC 846,
1999

Jaeger-LeCoultre
Reverso Grande Date, acier,
remontage manuel, calibre JLC
875, indication de la réserve
de marche, 2006

Jaeger-LeCoultre
Reverso Grande Taille, or jaune,
remontage manuel, calibre
JLC 822, 1999

45

Daniel JeanRichard
TV Screen Automatic, acier,
automatique, calibre JR 24DJR
(base ETA 2824-2), 1999

JeanRichard
Grand TV Screen Double Rétrograde,
or rose, automatique, calibre JR 23
(base ETA 2892-A2), date et seconde
rétrogrades, 2006

Junghans
Chronomètre, acier inoxydable,
remontage manuel, calibre
Junghans 62.1, 1960

Junghans
Max Bill, acier, remontage
manuel, calibre ETA
2801-2, 1999

Kelek
Automatique avec réserve de marche, acier, automatique, calibre Kelek
7000 (base ETA 2892-A2), indication de la réserve de marche, 1999

Kurth
Montre squelette, or rose, remontage manuel, calibre
historique ETA des années 1940, 1999

Maurice Lacroix
Heures sautantes, acier/or jaune, remontage manuel,
calibre ML 28 (base Peseux 7046), 1999

Maurice Lacroix
Tiago Montre squelette, acier, automatique, calibre ML 14
(base ETA 2892-2), 1999

A. Lange & Söhne
Montre pour homme, or jaune,
remontage manuel, calibre
Lange 10 1/2''', 1944

Maurice Lacroix
Pontos Réserve de Marche, acier, automatique, calibre ETA 2897,
indication de la réserve de marche, 2006

droite par l'ingrat balancier à qui elle fournit
pourtant sans cesse une énergie d'oscillation re-
nouvelée. Comparé à un moteur de voiture, il
s'agit là bien entendu d'un rythme d'escargot.
En revanche, si l'on considère que le barillet se
déplace à peine en une heure, ce rapport de transmission est déjà considérable.

Avec les échappements à ancre utilisés habituellement aujourd'hui, le rouage est freiné par les
deux bras de l'ancre (palettes) qui saillent alternativement entre les dents de la roue d'échappement et en stoppe ainsi la rotation. L'ancre est
un organe en acier trempé (en laiton et acier sur
les horloges) comportant deux bras. Le centre de
pivotement de l'ancre se situe à l'intersection des
barres longitudinale et transversale.

Les palettes des ancres des montres sont des petits morceaux de rubis synthétique encastrés dans
le corps en acier de l'ancre où ils sont fixés avec
une minuscule goutte de gomme-laque ou plus
couramment aujourd'hui avec une colle spéciale.

A. Lange & Söhne
Montre pour homme, or jaune,
remontage manuel, mouvement
de forme Lange, 1932

47

A. Lange & Söhne
Langematik, or blanc, automatique,
calibre Lange L921.2, 1999

A. Lange & Söhne
Lange 1, or jaune, remontage manuel,
calibre Lange L901.0, 1999

A. Lange & Söhne
1815 Auf und Ab, or jaune, remontage
manuel, calibre Lange L942.1, 1999

A. Lange & Söhne
Cabaret, or jaune, remontage manuel,
calibre Lange L931.3, 1999

A. Lange & Söhne
1815 Automatik, or jaune, automatique,
calibre Lange L921.2, 2006

A. Lange & Söhne
Saxonia, or jaune, remontage manuel, calibre
Lange L941.3, 2006

Limes
Pharo Réserve de Marche, acier, remontage manuel, calibre ETA 7001 avec module d'indication de la réserve de marche de Soprod, 2006

A. Lange & Söhne
1815, or blanc, remontage manuel, calibre Lange L941.1, 2006

A. Lange & Söhne
Cabaret, or jaune, remontage manuel, calibre Lange L931.3, 2006

A. Lange & Söhne
Langematik, or jaune, automatique, calibre Lange L921.4 SAX-O-MAT, 2006

Longines
Montre pour homme, acier, remontage manuel, calibre Longines 13.34, avec cadran en émail, 1915

49

Longines
Doctor's Watch, acier, remontage manuel, calibre Longines 9.32, mouvement à forme, 1931

Longines
Mystérieuse, or blanc, remontage manuel, calibre Longines 237, indication des heures sur plaque tournante centrale, 1957

Longines
Master Collection Automatic, acier, automatique, calibre Longines L619 (base ETA 2892-A2), 2006

Longines
Hour Glass, acier/doré, remontage manuel, calibre Longines 9.LT, 1954

Jean Marcel
Mystery Tonneau Carte du monde, acier, automatique, calibre ETA 2824 avec module Jean Marcel, cadran tournant avec heures sautantes à affichage numérique, 1999

Jean Marcel
Automatic, acier, automatique, calibre ETA 2688, 1999

50

Pattes de freinage

La roue d'échappement, entraînée par le ressort-moteur ou le poids, ne tournera pas plus loin que son axe. Les pattes de l'ancre, qui saillent entre ses dents, la gênent de ce fait énormément. Il y a toujours l'une des dents de la roue d'échappement qui est en contact avec l'une des deux palettes de l'ancre en un point appelé le repos situé sur la face de la palette de l'ancre.

Si le pendule oscille, l'ancre doit suivre ce mouvement. Pour ce faire, la pointe d'une dent de la roue d'échappement, qui appuie constamment sur la patte de l'ancre (palette), glisse du repos situé sur le côté vers le plan d'impulsion sur la face de la palette de l'ancre.

La roue d'échappement a enfin la possibilité de se déplacer un petit peu. La dent de la roue d'échappement glisse sur le plan d'impulsion parfaitement lubrifié et continue de pousser ainsi

Meistersinger
Édition Scrypto 1Z, remontage manuel, calibre ETA 6497-1, uniquement indication des heures, 2006

Mido
Commander Chronometer, acier,
automatique, calibre ETA 2836-2,
2006

Minerva
Pythagore Anniversary, acier, remontage
manuel, calibre Minerva 48, 1999

l'ancre encore plus loin de sa position d'origine.
L'ancre, en tant qu'organe à deux bras, doit pouvoir transmettre l'énergie qu'elle reçoit par son
bras à l'extrémité duquel se situe la fourchette.
De cette façon, l'ancre fournit au pendule le peu
d'énergie dont il a besoin pour osciller régulièrement. Par la suite, la dent de la roue d'échappement glisse du plan d'impulsion (chute) tandis
que de l'autre côté de l'ancre, la dent suivante
tombe sur le repos de la deuxième palette (repos).

Le pendule est, pour des raisons évidentes, inadap-
té aux instruments horaires portables. Les inven-
teurs de la montre de gousset furent donc confrontés au problème de construire un instrument
pouvant fonctionner quelle que soit sa position.
Une pendule donc, qui continuerait d'indiquer
l'heure même si son propriétaire décidait de mar-
cher sur les mains – à condition bien sûr qu'elle
ne tombe pas de sa poche à ce moment-là.

Le problème visant à réduire à zéro la dépendance de l'organe réglant par rapport à la pesanteur
ne commença à être réellement résolu qu'avec
l'invention du spiral de balancier. Cette évolution majeure dans le domaine des techniques

Milus
Xephios, acier, automatique, calibre
ETA 2836-2, 2006

Movado
Polyplan, or blanc,
remontage manuel,
calibre Movado 400,
1930

Movado
SE Automatic, acier, automatique, calibre ETA 2892-A2, 2006

Movado
Montre pour homme, acier, remontage
manuel, calibre Movado 261, 1945

Movado
Viziomatic, acier,
automatique à quartz,
calibre ETA 205.911, 1999

Movado
Museum Watch Safiro Édition Limitée,
or rose, remontage manuel, calibre
Frédéric Piguet 21P, 1999

Franck Muller
Cintrée Curvex Seconde Rétrograde,
or blanc, automatique, calibre
FM 7500, 1999

Movado
Botelo Automatic, acier,
automatique, calibre ETA 2824-2,
2006

53

Franck Muller
Cintrée Curvex Heures sautantes, or jaune, automatique, calibre FM 7500, 1999

Nouvelle Horologie Calabrese
Analogica, acier, automatique, calibre ETA 2892-A2 modifié par Vincent Calabrese, affichage numérique des heures, guichet avec index minutes, 2006

Nienaber
King Size RetroLator, acier, remontage manuel, calibre AS 1130, minutes rétrogrades, heures sautantes, 2006

Franck Muller
Long Island, or blanc, automatique, calibre FM 2800, 2006

Omega
Seamaster Railmaster XXL Chronomètre, acier, automatique, calibre Omega 2201 (base ETA 6498), certifié chronomètre (COSC), 2006

d'horlogerie est due à l'illustre savant hollandais Christian Huygens, inventeur de génie, qui utilisa pour la première fois en 1675 un fin fil faisant ressort qu'il avait tourné en spirale pour rendre l'organe régulateur plus précis.

L'invention de l'échappement libre à ancre par l'horloger anglais Thomas Mudge (1715-1774) marqua l'étape suivante de l'horlogerie vers des montres de précision robustes et peu sujettes aux défaillances, que nous continuons d'ailleurs à utiliser aujourd'hui sous une forme améliorée.

La différence fondamentale entre l'échappement « libre » à ancre et les autres types d'échappement est que sur le libre, les pendules ou balanciers restent constamment liés à l'échappement et sont en permanence soumis aux influences du mouvement. Ainsi, l'organe régulateur reçoit certes de l'énergie mais il en perd également du fait de cette liaison permanente.

Nomos
Tangente Date Réserve de marche, acier, remontage manuel, calibre Nomos Delta avec indication de la réserve de marche, 2006

Nomos
Orion, acier, remontage manuel, calibre ETA 7001, Peseux, 1999

Nomos
Tetra, acier, remontage manuel, calibre Nomos Alpha, 2006

Omega
Seamaster XVI, or rouge, automatique, calibre Omega 471, modèle spécial pour les XVIe Jeux olympiques à Melbourne, 1956

Nomos
Tangente, acier, remontage manuel, calibre Nomos Alpha, 2006

Omega

Montre pour homme, or jaune, remontage manuel, calibre Omega 302, 1955

Omega

De Ville Tonneau, acier, automatique, calibre Omega 1120 (base ETA 2892-A2), certifié chronomètre (COSC), 1999

Omega

Seamaster Omegamatic, acier, lunette de plongée tournante unidirectionnelle, mouvement à quartz à remontage automatique, calibre Omega 1400 (base ETA 205.111), 1999

Omega

Seemaster Automatic Chronomètre, or jaune, automatique, calibre Omega 751, certifié chronomètre (COSC), 1956

Oris

Rectangulaire Classique, calibre Oris 583 (base ETA 2688/2671), 1999

Oris
Big Crown Pointer Date, acier,
automatique, calibre Oris 654
(base ETA 2824-2), 2006

Le balancier de l'échappement inventé par Thomas Mudge ne connaît pas ce type de problèmes. En effet, il se retrouve complètement libre après l'impulsion par l'ancre, d'où le nom d'échappement « libre » à ancre. L'appellation est toutefois quelque peu ambiguë car c'est le balancier et non l'échappement qui est ici « libéré ».

L'organe régulateur

Avec l'utilisation du balancier, les horlogers furent confrontés à un grand nombre de problèmes qui leur étaient jusqu'alors inconnus. Tandis que le pendule d'une horloge murale ou de parquet a toujours la même amplitude (si l'on part du principe d'un apport régulier en force motrice par un poids moteur par exemple) et peut assurer son service sans être soumis aux influences extérieures (exceptées peut-être les variations de température et de pression atmosphérique), le balancier d'une montre-bracelet est sujet à

Panerai
Radiomir Base, acier, remontage
manuel, calibre Panerai OP X, certifié
chronomètre (COSC), 2006

Officine Panerai
Luminor Marina, acier, remontage manuel, calibre ETA
6497-2, certifié chronomètre (COSC), 1999

Officine Panerai
Luminor Submersible, titane, automatique,
calibre ETA 7750, 1999

Parmigiani
Kalpa XL Hebdomadaire, acier,
remontage manuel, calibre Parmigiani
110, réserve de marche de huit jours,
2006

57

Parmigiani
Bugatti 370 Type, acier, remontage manuel, calibre Parmigiani 370, réserve de marche de dix jours, 2006

Patek Philippe
Calatrava, or jaune, remontage manuel, calibre Patek Philippe 91, 1953

Patek Philippe
Montre pour homme Art Déco, or blanc, remontage manuel, calibre Patek Philippe 10, 1928

Péquignet
Moorea Réserve de marche, acier/or jaune, automatique, calibre ETA 2892-2 avec module d'indication de la réserve de marche, 1999

Patek Philippe
Montre pour homme, or jaune, remontage manuel, calibre Patek Philippe 10, 1932

Patek Philippe
Asymétrique, or jaune, remontage
manuel, calibre Patek Philippe 91,
1935

Patek Philippe
Montre pour homme pour Gübelin,
or jaune, remontage manuel, calibre
Patek Philippe 9-90, 1951

Patek Philippe
Montre pour homme, or blanc,
automatique, calibre Patek Philippe
1-350, 1976

Perrelet
Dipteros I Tempest, acier, automatique,
calibre Perrelet DH95, 1999

diverses contrariétés qui peuvent nuire à ses oscillations et en conséquence à la marche précise de la montre.

Un balancier doit pouvoir contrecarrer les mouvements constants auxquels est soumise la montre attachée au poignet. Ce ne sont pas des gestes harmonieux et souples qui agissent sur le balancier mais plutôt des mouvements brusques, rapides et dans toutes les directions. De plus, la montre, et par conséquent le balancier, doivent supporter ces conditions difficiles aussi bien sous un climat tropical que sous un froid polaire, en plongée comme en randonnée, en montagne.

Il n'existe aucun autre objet technique d'usage courant soumis à une si forte sollicitation sur une longue durée que les montres-bracelets. Ce test de résistance est passé avec succès année après année par ces tout petits engins dans lesquels agissent de minuscules vis dont 10 000 ne suffiraient pas à remplir un dé à coudre.

Patek Philippe
Phase de lune, or jaune, automatique, calibre Patek Philippe
240/154, indication des phases de
lune et de la réserve de marche,
1999

Patek Philippe
Calatrava, or jaune, automatique,
calibre Patek Philippe 240PS, 1999

Patek Philippe
Neptune, or jaune, automatique,
calibre Patek Philippe
315/190, 1999

Patek Philippe
Aquanaut, acier, automatique,
calibre Patek Philippe 330/194, 1999

Patek Philippe
Gondolo, or jaune, automatique,
calibre Patek Philippe 315/190, 1999

Patek Philippe
Calatrava Grande Taille, or jaune,
automatique, calibre Patek Philippe
315SC, 2006

Piaget
Tradition, or blanc, automatique,
calibre Piaget 190P, certifié
chronomètre (COSC), 1999

Patek Philippe
Nautilus, acier, automatique, calibre Patek Philippe
330/194, 1999

Patek Philippe
Nautilus, acier, automatique, calibre Patek
Philippe 240 PS IRM C LU, indication
des phases de lune et de la réserve
de marche, 2006

Patek Philippe
Gondolo, or blanc, remontage manuel, calibre
Patek Philippe 215 PS, 2006

Des objets dans lesquels un spiral en métal, si
fin qu'un cheveu ressemblerait à un câble en
comparaison, se tend et se rétracte en une heure près de 30 000 fois (voire plus). Des machines,
dont les pièces tournantes sont lubrifiées avec
des quantités d'huile à peine visibles à la loupe.

À traitement identique, une voiture serait bonne pour la casse après quelques heures d'utilisation seulement. On attend d'une montre-bracelet qu'elle conserve une précision exacte pendant
des années. Une montre qui avance ou recule de
10 secondes par jour fonctionne avec une tolé-
rance proche de 0,1 ‰ ! Il serait sensé de penser
à cela avant de demander à un horloger de régler votre montre qui avance peut-être seulement
d'une demi-minute par semaine ou bien lorsque
votre montre a besoin d'une révision et d'une remise en état générale après trois voire cinq ans
de bons et loyaux services.

Piaget
Légende Rectangle à l'Ancienne, or
blanc, remontage manuel, calibre
Piaget 9P2, 1999

Piaget
Polo, or blanc, automatique, calibre
Piaget 500P, 1999

Paul Picot
Atelier 1100 Régulateur, acier, automatique, calibre PP 1100
(base ETA 2892-A2), certifié chronomètre (COSC), indication
de la réserve de marche, 1999

Piaget
Altiplano ultrathin, or blanc,
remontage manuel, calibre Piaget
430P, 2006

Piaget
Emperador seconde rétrograde,
or blanc, automatique, calibre
Piaget 560P, 2006

Paul Picot
Firshire 1937, or blanc, remontage
manuel, calibre PP 88 (base ETA C735
de 1937), indication de la réserve
de marche, 1999

Chemin perdu et dents asymétriques

Le balancier reçoit une impulsion de l'ancre et de sa fourchette et commence ainsi à osciller à partir de sa position de repos. Simultanément, l'ancre parcourt, après la chute de l'une des dents de la roue d'échappement, encore un petit arc jusqu'au moment où elle rencontre sa goupille de limitation. Les horlogers appellent ce déplacement le « chemin perdu ». Dans les mouvements modernes, il n'y a presque plus de goupille de limitation ; à la place, l'ancre se déplace dans une entaille pratiquée dans la platine.

Le « chemin perdu » est un dispositif de sûreté primordial dans l'échappement car il assure que toutes les dents de la roue d'échappement puissent « chuter » en toute sécurité, même lorsque leur longueur n'est pas strictement identique, ce qui peut arriver. Ainsi, si l'une des dents est un peu trop longue, l'ancre se déplacera simplement un peu plus loin, auquel cas le « chemin perdu » lui offrira plus de place. L'amplitude du

Paul Picot
Firshire Tonneau 3000 Rétrograde, acier, automatique, calibre PP 1300 (base ETA 2892-A2), 2006

Rado
Anatom, carbure de tungstène-titane, automatique, calibre ETA 2671, 1999

Rado
Sintra XXL, céramique, automatique, calibre ETA 2892-A2, 2006

Revue Thommen
Specialties SK, acier, automatique, calibre Revue Thommen GT 54, mouvement de manufacture maison squelette, 2006

Rado
Original, acier, automatique, calibre ETA 2824-2, 2006

63

Auguste Reymond
Ragtime Power Reserve, acier,
automatique, calibre AR 9035 (base
ETA 2892), indication de la réserve
de marche, 1999

Auguste Reymond
Boogie Gold Edition, or rouge,
remontage manuel, calibre ETA 6425,
2006

Roamer
Compétence Original type 2, acier, remontage
manuel, calibre FHF 138.011, 2006

Robergé
Andromède RS Régulateur, acier,
automatique, calibre Paul Picot 1000
(base Nouvelle Lémania), 1999

Rolex
Oyster Perpetual Milgauss, acier, automatique,
calibre Rolex 1066M, certifié chronomètre (COSC),
protection contre les champs magnétiques
par un boîtier interne en fer doux, 1958

Rolex
Oyster Perpetual Chronometer, acier,
automatique, calibre Rolex, appelée aussi
« Bubble Back » en raison de son dos
légèrement bombé, 1948

Rolex
Montre pour homme, or jaune,
remontage manuel, calibre Rolex,
1930

Rolex
Oyster Perpetual Chronometer, or rose,
automatique, calibre Rolex, appelée également
« Bubble Back » en raison de son dos légèrement
bombé, avec cadran original Mickey Mouse, 1949

Rolex
Prince Brancard Chronometer « Extraprima
Observatory Quality », acier, remontage manuel,
calibre Rolex, 1935

balancier dépend de la force qu'il reçoit : celui d'une montre remontée oscillera plus que celui d'une montre arrivée en bout de course.

Quand et comment une montre chemine-t-elle avec précision ?

Nous n'avons pas encore répondu à la question suivante : comment fait-on pour qu'un mouvement d'horlogerie chemine plus ou moins vite ou dans le cas idéal soit exactement précis ? Cela dépend bien entendu d'une multitude de facteurs.

Rolex
Prince, or rose, remontage manuel,
calibre Rolex 7040-2, certifié
chronomètre (COSC), 2006

Rolex
Oyster Perpetual Air-King, acier,
automatique, calibre Rolex 3130
(base Rolex 3135), certifié
chronomètre (COSC), 2006

Rolex
Oyster Turn-O-Graph, acier, automatique,
calibre Rolex 3135, certifié chronomètre
(COSC), 2006

Rolex
Oyster Perpetual Day-Date, or rose,
automatique, calibre Rolex 3155
(base Rolex 3135), certifié
chronomètre (COSC), 2006

Rolex
Prince Brancard Chronomètre Jumping Hours,
or blanc, remontage manuel, heures sautantes
numériques, 1945

Daniel Roth
Rétrograde, or jaune, remontage
manuel, calibre Lémania 27NL modifié
par Daniel Roth, 1999

Daniel Roth
GMT, acier, automatique, calibre Girard-Perregaux
GP 3100 modifié par Daniel Roth, affichage
numérique de deux fuseaux horaires, 1999

Jörg Schauer
Day Date Centrale, acier, automatique,
calibre ETA 2836, 2006

Jörg Schauer
Petite Schauer, acier, automatique,
calibre ETA 2824, 2006

Jörg Schauer
Digital 1, acier, automatique, calibre
PUW 1560D, indication de l'heure
par trois disques concentriques,
1999

Stowa
Antea, acier, remontage manuel,
calibre ETA 7001 Peseux, 2006

Otto Schlund
Classique avec affichage de la date, acier,
automatique, calibre ETA 2824-2, 2006

Alain Silberstein
24 H, acier, automatique, calibre basique
ETA 2892-A2 modifié par Alain Silberstein,
affichage vingt-quatre heures, 1999

Seiko
Spring Drive, acier, automatique, calibre Seiko
5R65, système de balancier électromagnétique
breveté « Tri-Synchro-Regulator », 2006

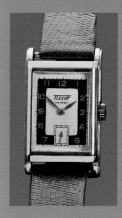

Les conditions indispensables pour assurer un cheminement précis sont
en premier lieu un mouvement
propre et bien huilé, un ressort-
moteur avec un couple le plus
constant possible, un rouage à
roues précisément découpées et
parfaitement agencées, un échappement précis et bien entendu
un balancier bien équilibré composé de matériaux amagnétiques
et ne réagissant pratiquement pas
aux variations de température.

Le réglage des montres très haut de
gamme, pour lesquelles ces conditions
sont remplies de façon optimale, s'ef-

Tissot
Montre pour homme, acier, remontage
manuel, calibre 20, 1935

69

Tissot
Heritage Gold, or rouge, automatique, calibre ETA 2895-1, certifié chronomètre (COSC), 1999

Ulysse Nardin
San Marco Chronomètre Venezia, or jaune, automatique, calibre basique ETA 2892, cadran en émail cloisonné, série limitée à 35 exemplaires, 1999

Ulysse Nardin
San Marco Chronomètre Golden Hind, or jaune, automatique, calibre basique ETA 2892, cadran en émail cloisonné, série limitée à 25 exemplaires, 1999

Ulysse Nardin
Maxi Marine Chronomètre, or rouge, automatique, calibre Ulysse Nardin UN 26 (base ETA 2892), certifié chronomètre (COSC), 2006

Ulysse Nardin
Marine Chronomètre, or jaune, automatique, calibre Ulysse Nardin UN 26 (base ETA 2892), certifié chronomètre (COSC), 1999

fectue simplement à l'aide de deux petites vis ou deux minuscules masses installées dans la serge du balancier et qui doivent être un peu dévissées si la montre avance et resserrées si elle retarde. On peut citer comme exemples le balancier Gi-romax de Patex Philippe et les vis Micro-Stella des balanciers Rolex.

Goupilles et raquette

Dans la plupart des montres, le réglage se fait d'une autre manière : avec les goupilles et la ra-quette. Pour que l'horloger puisse effectuer le ré-glage progressivement, de nombreuses montres possèdent ce qu'on appelle un index, ou queue de raquette ou encore flèche. Il est situé sur la

Union

Tradition Automatic, acier,
automatique, calibre
Union 26-11, 1999

Union

Tradition Regulator, acier,
automatique, calibre
Union 26-42, 1999

**Urban Jürgensen
& Sønner**

Référence 5, or jaune,
automatique, 1999

Union

Classique Réserve
de marche, acier,
automatique, calibre
Union 26-44, 2006

**Urban Jürgensen
& Sønner**

Référence 6, or jaune, remontage
manuel, 1999

Vacheron Constantin
Montre pour homme, or rouge, remontage manuel, calibre Vacheron Constantin, 1933

Vacheron Constantin
Montre pour homme automatique, or rouge, remontage manuel, calibre Vacheron Constantin 1072, 1963

Vacheron Constantin
Les Historiques Rectangle, or jaune, remontage manuel, calibre Vacheron Constantin 1017, 1999

Vacheron Constantin
Overseas, acier, automatique, calibre Vacheron Constantin 1310, 1999

Vacheron Constantin
Montre à volets, or jaune et blanc, remontage manuel, jalousie devant le cadran actionnée par une deuxième couronne située à 9 heures, calibre Vacheron Constantin, 1930

raquette à l'extrémité opposée des goupilles e est la plupart du temps façonné en une seule piè ce avec la raquette ou fixée à elle par adhérence

L'index et la raquette avec les goupilles fonction nent selon le principe d'un levier à deux bras L'horloger doit donc pousser l'index dans le sen opposé à celui qu'il souhaite imposer aux gou pilles. Cette opération est facilitée par la présen ce des signes + et − ou des lettres A et R qui on été fraisés dans le coq. La lettre A (pour « avan cer ») indique une marche plus rapide et la let tre R (pour « retarder ») une marche plus len du mouvement. On trouve également, mais plu rarement, les lettres « F » et « S » pour les mo anglais « fast » et « slow ».

Vacheron Constantin

Toledo 1952, or blanc, automatique,
calibre Vacheron Constantin 1125,
quantième complet avec indication
des phases de lune, 2006

Vacheron Constantin

Overseas, acier, automatique, calibre
Vacheron Constantin 1126, 2006

Vacheron Constantin

Les Complications Saltarello,
or blanc, automatique, calibre
Vacheron Constantin 1120MR, heures
sautantes, minutes rétrogrades, 1999

Vulcain

Montre pour homme, argent,
remontage manuel, 1925

73

Raymond Weil
Classique, acier, automatique, calibre
ETA 2824-2, 1999

Raymond Weil
Parsifal Réserve de Marche, acier,
automatique, calibre RW 3500
(base ETA 2892-A2), 2006

Zenith
Port Royal Chronomètre, acier,
remontage manuel, calibre
Zenith 135, 1965

Raymond Weil
Parsifal Automatique, acier, automatique,
calibre ETA 2824-2, 1999

Zenith
Chronomaster Elite HW, acier,
remontage manuel, calibre Zenith
684 Elite, indication de la réserve
de marche, 1999

Xemex
Offroad, acier, automatique, calibre
ETA 2824-2, 1999

Diverses constructions auxiliaires peuvent
aider l'horloger à effectuer un réglage pro-
gressif comme un index particulièrement
long (grand décalage au niveau de l'index,
petit décalage de la raquette) ou le remplacement de la raquette par une vis micromé-
trique directement ou indirectement (dispositif de réglage fin par col de cygne).
Quoiqu'il en soit, une montre qui avance de
cinq minutes par jour fonctionne avec une
grande précision. Elle devrait simplement
être réglée précisément une seule fois !

Xemex
Avenue, acier, automatique, calibre
ETA 2892-A2, 1999

Zenit
Port-Royal Rectangle Elite, acier,
automatique, calibre Zenith 684
Elite, 2006

75

2. CHRONOGRAPHES

Le chronographe est un instrument qui évite de surveiller constamment l'heure lorsque l'on souhaite mesurer de courts laps de temps. À une époque où les temps se relevaient encore manuellement lors de compétitions sportives, le chronographe avait une utilité pratique évidente. De nos jours, il s'agit en premier lieu d'un gadget luxueux pour hommes avec lequel on peut par exemple surveiller la cuisson de son steak. Les horlogers et les constructeurs dépensent toutefois énormément de temps et d'argent pour ces petits objets.

Angelus
Chronographe, or jaune, mouvement
à remontage manuel à roue
à colonnes, 1945

Audemars Piguet
Chronographe, or jaune, mouvement
à remontage manuel à roue
à colonnes, 1949

Audemars Piguet
Royal Oak Offshore Chronographe,
acier, automatique, calibre AP
2226/2840, 2006

Baume & Mercier
CapeLand, acier, automatique,
calibre ETA 7750, 1999

Baume & Mercier
Classima Chronographe, acier,
automatique, calibre BM 13283
(base Lémania 283), 1999

Baume & Mercier
Malibu Chronographe, acier,
automatique, calibre BM 13750
(base ETA 7750), 1999

Baume & Mercier
Milleis Chronographe, or rose,
remontage manuel, calibre Lémania
1870, 1999

A vec l'invention de l'horlogerie, l'homme a pu réaliser le souhait de décomposer la durée d'une journée en segments égaux ; il essaya ensuite, au cours du XIXᵉ siècle, de mesurer et même d'afficher de courts laps de temps indépendamment de l'indication de l'heure.

Il est naturellement possible de mesurer la durée du trajet entre un point A et un point B en regardant constamment sa montre, ce qui n'est toutefois ni très confortable, ni sans danger.

Quel bonheur donc que des horlogers ingénieux aient inventé un instrument aussi pratique que le chronographe qui permet de mesurer de courts intervalles de temps en appuyant sur un bouton sans requérir plus d'attention !

Un scribe du temps sans instrument d'écriture

Le mot chronographe a pour racines les mots grecs « chronos » (le temps) et « graphô » (j'écris). On objecte à juste titre aujourd'hui que le terme chronographe n'est plus adapté pour les montres-bracelets modernes avec chronomètre intégré car il ne décrit ni ne désigne effectivement rien de ce qui se passe dans ces montres. Malgré tout, ce n'est pas le seul terme de notre langue à être éculé. On pourrait citer également les garde-boue

des voitures qui ne remplissent plus vraiment leur fonction d'origine. Le premier chronographe, cependant, écrivait réellement le temps. En effet, l'horloger français Rieussec développa vers 1820 un instrument qui, lorsqu'un mécanisme était actionné, écrivait sur le cadran à l'aide d'un crayon fixé sur l'aiguille.

En 1831, l'horloger autrichien Joseph Thaddäus Winnerl, ancien collaborateur d'Abraham Louis Breguet, horloger de génie décédé en 1823, présenta une montre dont on pouvait faire arrêter et repartir la trotteuse aussi souvent qu'on le souhaitait sans porter préjudice à la bonne marche du mouvement. L'un des inconvénients majeurs du système de Winnerl résidait dans le retour particulièrement long de l'aiguille des secondes à sa position de départ après chaque mesure.

Ce problème fut résolu en 1862 par Adolphe Nicole, originaire de la Vallée de Joux en Suisse romande, qui développa les premiers chronographes dont l'aiguille pouvait être ramenée d'un seul coup à zéro. Adolphe Nicole utilisa à cet effet une petite came en forme de cœur fixée sur l'axe de la trotteuse.

Lors de la remise à zéro de l'aiguille du chronographe, un marteau actionné par un ressort tombait brusquement sur cette came, qui n'a pratiquement pas été modifiée depuis et que les horlogers appellent, en raison de sa forme caractéristique, le « cœur ». Lorsque le marteau tombe avec violence sur le cœur, ce dernier tourne instantanément jusqu'à ce que ses contours appuient sur le marteau.

Bertolucci
Vir Chronographe, acier, automatique, calibre ETA 7750, 1999

Baume & Mercier
CapeLand S Chronographe, acier, automatique, calibre BM 13750 (base ETA 7750), 2006

Blancpain
Chronographe 2100, or jaune, automatique, 1999

Style très masculin : assortiment de chronographes haut de gamme Officine Panerai, Zenith et Blancpain

Blancpain
Chronographe Flyback Grande Date Léman, acier, automatique, calibre Blancpain 69F8, 2006

Rainer Brand
Carcassonne, acier, automatique,
calibre Lémania 1352, 1999

Rainer Brand
Kerala, acier, automatique, calibre
ETA 7750, 2006

Roue des secondes double

Le mécanisme des chronographes est dans la plupart des cas actionné par la roue des secondes. Il existe diverses possibilités pour transmettre au mouvement de chronographe la force de la roue des secondes qui tourne à l'intérieur du mouvement d'horlogerie à proprement parler, c'est-à-dire entre les platines. Dans les configurations classiques, le mouvement de chronographe est logé sur le pont de rouage arrière, donc à l'extérieur du mouvement de la montre elle-même.

L'une des méthodes courantes pour transmettre la force consiste par exemple à équiper l'axe de la roue des secondes (qui tourne dans le mouvement d'horlogerie) de deux longs pivots. L'un des deux apparaît du côté du cadran et porte la petite trotteuse. Sur le deuxième long pivot, qui sort du pont de rouage arrière, est fixée une autre roue, amovible, la roue entraîneuse. Contrairement aux roues du mouvement de la montre, cette dernière possède des dents triangulaires. La force est ensuite transmise par l'engrènement in-

habituel dans les mouvements d'horlogerie de deux roues l'une avec l'autre (traditionnellement l'engrènement se fait d'une roue avec un pignon).

La roue entraîneuse externe fixée sur l'axe de la roue des secondes s'engrène avec une autre roue (la roue d'embrayage) dont la denture est identique à la sienne et qui repose sur un levier, appelé embrayage.

L'embrayage peut tourner légèrement autour d'une vis au-dessus du pont de rouage arrière. Une deuxième vis à grosse tête, vissée au bâti par un trou ovale dans l'embrayage, détermine l'amplitude de mouvement. Un petit ressort, appelé ressort d'embrayage, pousse l'embrayage vers le milieu du mouvement. La roue qui repose dessus, la roue d'embrayage, s'engrène ainsi avec la roue de chronographe, dont les dents sont deux fois moins grandes mais ont la même forme.

Lorsque l'on exerce une pression sur le poussoir de démarrage situé sur le boîtier de la montre, le bloqueur est libéré. Au même moment, l'em-

Breguet
Chronographe à rattrapante, or jaune,
remontage manuel, calibre Breguet
533 NT, 1999

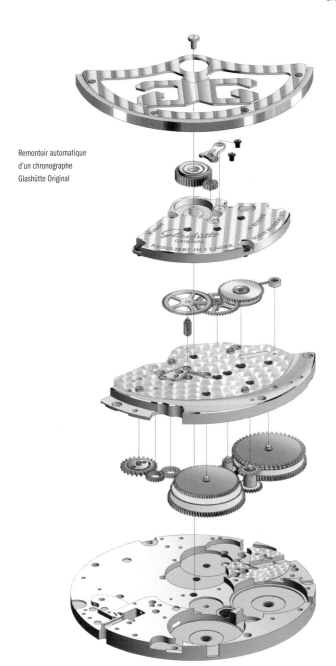

Remontoir automatique
d'un chronographe
Glashütte Original

Breguet
Marine Chronographe, platine,
remontage manuel, calibre
Breguet 576, 1999

Breguet
Héritage Chronographe, acier,
automatique, calibre Breguet 550,
2006

83

Breitling
Chronographe à rattrapante
Référence 762, acier, remontage
manuel, avec compteur 45 minutes,
1950

Breitling
Chronographe Football
Référence 2734.3, acier,
remontage manuel, calibre
Valjoux 7731, 1975

Breitling
Chronographe Pupitre Référence
7101.3, acier, remontage manuel,
calibre Valjoux 7750, 1975

Breitling
Chronographe Sprint Référence 2018,
acier, remontage manuel, calibre
Valjoux 7733, 1975

Breitling
Chrono-Matic Référence 2112-15,
acier, automatique, calibre 15, 1969

Breitling
Crosswind, acier, automatique,
calibre Breitling 13 (base ETA
7750), 1999

Breitling
Montbrillant Olympus, acier,
automatique, calibre Breitling 19
(base ETA 2892-A2), 2006

Bulova
Doctor's Watch, acier/doré,
remontage manuel, calibre FHF
138.001, 1999

Breitling
Chronomat Evolution, acier,
automatique, calibre Breitling 13
(base ETA 7750), certifié chronomètre
(COSC), 2006

Bunz
Chronographe, platine, automatique,
calibre ETA 7750, 2006

Bvlgari
Assioma Chrono, or jaune,
automatique, calibre ETA 2094, 2006

Cartier
Pasha de Cartier, acier, automatique,
calibre Cartier 205 (base Frédéric
Piguet 1185), 1999

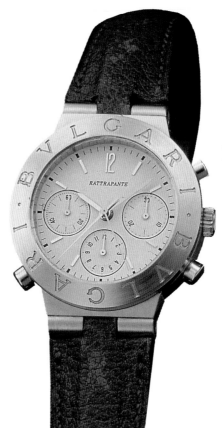

Bvlgari
Bvlgari Rattrapante, or jaune,
automatique, calibre Bvlgari MVA 900
(base GP 8290), 1999

brayage se déplace vers la roue de chronographe qui s'engrène avec la roue d'embrayage. Le chronographe commence à mesurer l'intervalle de temps. Grâce à cette construction, il est possible de déclencher et d'arrêter le mécanisme du chronographe à tout moment.

Si le laps de temps mesuré dure plus d'une minute, la roue compteuse de minutes, qui actionne le compteur 30 minutes sur le cadran de la montre, doit avancer d'un cran. Pour ce faire, les dents d'un entraîneur, fixé sur l'axe de la roue de chronographe, pénètrent entre les dents de

la roue en étoile, qui est elle-même en contact avec la roue compteuse de minutes. La roue en étoile avance d'une dent. Comme elles ont une denture identique, la roue compteuse de minutes se déplace également d'un cran. À ce moment, de l'autre côté du mouvement, sur le cadran, l'aiguille du compteur 30 minutes avance également précisément d'un trait.

Cette fonction est assurée par un petit ressort d'arrêt (ressort du compteur de minutes) qui s'engrène entre les dents de la roue compteuse de minutes et lui permet de se déplacer d'un cran.

86

Cartier
Roadster Chronographe, acier/or
jaune, automatique, calibre Cartier
8510 (base ETA 2894), 2006

Certina
DS 2 Chronolympic, acier, remontage
manuel, calibre Valjoux 726, 1975

Certina
DS-3 Chronographe, acier,
automatique, calibre Certina 674
(base ETA 7750), 2006

Philippe Charriol
Supersports Chronographe, acier,
automatique, calibre ETA 7750, 1999

Chopard
Impériale Chronographe, acier,
automatique, calibre
Lémania 283, 1999

Chronoswiss
Chronographe-chronomètre, acier,
automatique, calibre Chronoswiss
C.754 (base ETA 7750), 1999

Chronoswiss
Chronographe classique, acier,
automatique, calibre Chronoswiss
C.741 (base ETA 7750), 2006

Plaisir des yeux : le chronoscope Chronoswiss
avec roue à colonnes apparente, référence
CH 1523 rc de 2006

La roue est finalement maintenue précisément
en position par le ressort de la roue compteuse
de minutes jusqu'à ce que la roue de chronographe l'entraîne de nouveau. Lorsque la mesure
doit être stoppée, on exerce de nouveau une
pression sur le poussoir de démarrage, l'embrayage se déconnecte et un bloqueur se pose
sur la roue de chronographe.

Le pignon oscillant

Étant donné que ce principe était techniquement complexe et que sa fabrication coûtait
cher, Edouard Heuer, fondateur de la marque

Chronoswiss
Pathos, platine, automatique, calibre Chronoswiss C.732S
(base ETA 7750), mouvement totalement squelette, 2006

Du Bois & Fils
Chronographe Classique, or jaune,
remontage manuel, calibre Nouvelle
Lémania 1873, 2006

Cyma
Chronographe, argent, remontage
manuel, 1920

Corum
Classical Flyback Grande Date, acier, automatique,
calibre CO 996 COSC (base ETA 2892-A2), certifié
chronomètre, 2006

De Bethune
Chronographe monopoussoir, or blanc, remontage manuel,
calibre DB 5008 (base LIP 5000), poussoir du chronographe
dans la couronne, 2006

Dior
Chiffre Rouge Chronographe A02, acier,
automatique, calibre ETA 2894-2, 2006

Dubey & Schaldenbrand
Trial, or rose, automatique,
calibre ETA 7750 avec affichage
Tricompax, 1999

89

Dubey & Schaldenbrand
Fly-Back, or rose, automatique,
calibre ETA 7750 avec construction
chronographe à rattrapante, 1999

Roger Dubuis
S.A.W. Easy Diver, acier, remontage
manuel, calibre RD 56, 2006

Ebel
Le Modulor, acier, automatique, calibre Ebel 137, certifié
chronomètre (COSC), 1999

Dubey & Schaldenbrand
Aerochrono, or rose, automatique,
calibre ETA 2094, 2006

Ebel
1911 Chronographe, or rose,
automatique, calibre Ebel 137, certifié
chronomètre (COSC), 2006

Eberhard

Chronographe à rattrapante
Extra-fort, or jaune, mouvement
à remontage manuel à double roue
à colonnes, 1945

Eberhard

Replica 2 compteurs, argent/doré,
remontage manuel, calibre Lémania
1872, 1999

Eberhard

Tazio Nuvolari, acier, automatique,
calibre ETA 7750, 1999

Eberhard

Chronomaster, acier, lunette tournante
unidirectionnelle, automatique, calibre
Lémania 5100, 1999

Eberhard
Chrono 4, acier, automatique, calibre
EB 200 (base ETA 2894-2), 2006

Eterna
Chronographe Pulsomètre, or jaune,
automatique, calibre ETA 2894-2,
1999

d'horlogerie connue aujourd'hui sous le nom de TAG Heuer, inventa le pignon oscillant pour lequel il déposa un brevet en mai 1887. Ce pignon oscillant est composé d'un axe avec deux couronnes dentées. La couronne montée du côté du cadran entraîne la roue des secondes du mouvement de la montre alors que la couronne opposée s'engrène avec la roue de chronographe. Pour lancer l'engrenage (démarrage) ou pour l'arrêter (arrêt), le pignon oscillant bascule.

Cette construction géniale est aujourd'hui plus actuelle que jamais et est utilisée dans le mouvement de chronographe le plus vendu de nos jours, le calibre ETA 7750 (Valjoux).

Eberhard
Quadranlogo Chrono Screen, acier, remontage
manuel, Lémania 1872, 1999

Eterna
Porsche Design Chronographe, acier,
automatique, calibre ETA 7750, 1999

Eterna
Porsche Design Chronographe 25 ans,
acier, automatique, calibre ETA 7750,
1999

Eterna
1948 Chronographe Phase de lune,
acier, automatique, calibre ETA 7751,
certifié chronomètre, 2006

Jacques Etoile
Monaco 72C, acier, remontage
manuel, calibre Valjoux 72C, 2006

Jacques Etoile
Silverstone Valjoux 23, argent fin,
remontage manuel, calibre
Valjoux 23, 2006

Formex
Chrono Règle à calcul, acier/titane,
automatique, calibre ETA 7754,
lunette sous verre avec règle à calcul,
2006

Girard-Perregaux
Richeville Tonneau Chronographe, or
rouge, remontage manuel, calibre
Girard-Perregaux 8381, 1999

Girard-Perregaux
Doctor's Chronograph, or jaune, remontage
manuel, calibre 281, 1940

Gérald Genta
Gefica Chronographe, bronze,
automatique, calibre ETA 7750, 1999

94

Des battements de cœur commandés

Dernière étape de la mesure : la remise à zéro. Le deuxième poussoir du boîtier entre en action et appuie sur le levier de remise à zéro. Le levier de blocage doit être libéré de la roue de chronographe qu'il maintient en place lorsque cette dernière n'est pas engrenée avec la roue d'embrayage.

Le marteau est libéré puis propulsé vers l'arrière par le ressort de marteau contre les cœurs sur la roue de centre et la roue compteuse de minutes. Les roues tournent vers l'arrière et retournent à leur point de départ où elles restent en place, fixées par les surfaces de commutation du marteau. Ces processus de commutation ont lieu en l'espace d'une fraction de seconde mais ne sont cependant pas simultanés. Si, par exemple, le marteau se précipitait contre les cœurs, avant que le levier de blocage n'ait été libéré de la roue de centre, la denture particulièrement fragile de la roue pourrait être endommagée par le levier de blocage encore immobile.

Girard-Perregaux
Ferrari 250 GT TdF, acier, automatique, calibre Girard-Perregaux 2280, affichage 24 heures, 1999

Girard-Perregaux
Vintage III, or rouge, automatique, calibre Girard-Perregaux 3170, 1999

Girard-Perregaux
Ferrari Chronographe Carbon, acier, automatique, calibre Girard-Perregaux 2280, 1999

Girard-Perregaux
GP 7000 Américaine Chronograph, acier/or jaune, automatique, calibre Girard-Perregaux 8000, 1999

Girard-Perregaux
Ferrari Chronographe, acier,
automatique, calibre Girard-Perregaux
2280, 1999

Girard-Perregaux
Laureato EVO 3, acier, automatique, calibre GP 33CD-A0WA,
affichage 24 heures (deuxième fuseau horaire), 2006

Girard-Perregaux
Richeville Chonographe, or rouge, automatique,
calibre GP 3370 (base GP 3300), 2006

Glashütte Original
Senator Chronographe, acier, automatique, calibre Glashütte
Original 39-30, 1999

Page de droite : même les petits horlogers cherchent à séduire
optiquement et techniquement la clientèle. Le meilleur exemple :
les chronographes Graham et Temption.

Girard-Perregaux
Ferrari Chronographe F50, acier,
automatique, calibre Girard-Perregaux
3170, calendrier perpétuel, affichage
24 heures, 1999

La mise en place de roues et de minuscules leviers,
ainsi que le réglage de leurs engrènements, se fait
en tournant des vis excentriques, ce qui modifie
les espacements entre les différentes pièces. Ce travail de réglage s'effectue de préférence avec un
microscope d'un grand facteur de grossissement.

Des colonnes triangulaires
jouant le rôle de commutateurs

La technique des chronographes a naturellement
beaucoup évolué. Au cours des dix dernières

Glashütte Original
Senator Chronograph Date, acier,
automatique, calibre Glashütte
Original 39-32, 1999

Glashütte Original
Sport Chronograph Senator, acier,
automatique, calibre Glashütte
Original 10-60, 1999

Glashütte Original
PanoMaticChrono, acier,
remontage manuel, calibre
Glashütte Original 61,
chronographe avec fonction
flyback, 2006

Glashütte Original
PanoRetroGraph, or rose,
remontage manuel, calibre
Glashütte Original 60,
chronographe avec fonction
flyback et remise à zéro, 2006

Glashütte Original
Sport Evolution Chronograph, acier,
automatique, calibre Glashütte
Original 39-31, 2006

98

Graham

Chronofighter Classic, acier,
automatique, calibre Graham 1722
(base ETA 7750), commande
du chronographe par poussoir
sur la couronne, certifié chronomètre
(COSC), 2006

Graham

Swordfish, acier, automatique,
calibre Graham 1726 (base ETA 7750),
également avec couronne et
poussoir sur le côté gauche
du boîtier, 2006

Gucci

G Chrono, acier, mouvement à quartz,
calibre ETA 251.471H1, 2006

Hanhart

Sirius Chronographe, acier,
automatique, calibre ETA 7750, 2006

99

Michel Herbelin
Newport J-Class Chronograph flyback,
acier, automatique, calibre LIP 8151
(base ETA 7750), 2006

Heuer
Calculator, acier, lunette tournante
avec fonction règle à calcul, automatique,
calibre 12 avec microrotor, 1975

Heuer
Montréal, acier, automatique,
calibre 12 avec microrotor, 1975

Heuer
Autavia, acier, automatique,
calibre 12 avec microrotor, 1975

années, on a vu par exemple se développer, pour
des raisons de réduction des coûts, divers modu-
les de chronographe qui sont montés côté cadran
du mouvement d'horlogerie.

Mais des amoureux des chronographes classiques
regrettent seulement que quelques détails fort
appréciés soient omis au profit d'un montage
simplifié.

Ces détails incluent notamment la roue à colonnes que l'on rencontre toutefois de nouveau sur
les instruments récemment développés à cause
du retour aux constructions coûteuses des chronographes du passé.

Il y a toujours eu des chronographes sans roue
à colonnes qui, pour des raisons financières,
sont préférées aux constructions plus coûteuses
avec roue à colonnes. Cependant, les chronographes ont toujours été montés sur l'arrière du
mouvement.

La technique de la roue à colonnes, également
connue sous le nom de roue à rochet, est consi-

Heuer
Monaco, acier, automatique,
calibre 12 avec microrotor, 1975

100

Calibre TAG Heuer 360

Hublot
Chronographe automatique, platine,
automatique, calibre Frédéric Piguet
1188, 1999

Hublot
Big Bang, acier, automatique,
calibre HUB 44 (développé et produit
par La Joux Perret), 2006

Ikepod
Isopod Chronograph, acier,
automatique, calibre ETA 2894-2,
certifié chronomètre (COSC), 1999

Ikepod
Hemipode Chronograph, acier,
automatique, calibre ETA 7750,
affichage 24 heures, certifié
chronomètre (COSC), 1999

IWC
Portugaise Chrono Rattrapante,
or rouge, automatique, calibre IWC
C.76240 (base ETA 7750 avec
construction à rattrapante IWC), 1999

IWC
Portugaise Chrono Automatic, acier,
automatique, calibre IWC C.79240
(base ETA 7750), 1999

IWC
Ingenieur Chronographe, acier, calibre IWC
79350 (base ETA 7750), 2006

dérée aujourd'hui comme par le passé comme le summum du luxe en matière de mécanismes de chronographe. Tous les autres processus de commutation du mécanisme de stoppage du mouvement dépendent de la roue à rochet. Dans cette construction, une roue à dents de scie porte de chant des « colonnes », telles que des classeurs sur une étagère tournante, sur le pont de rouage du chronographe.

Tous les autres processus de commutation du mécanisme de stoppage du mouvement dépendent de la roue à rochet. En actionnant le poussoir de démarrage, situé à 2 heures sur le boîtier, le levier de mise en marche commande à la roue à rochet de « tourner d'un cran ». Lors de l'exécution de l'instruction, un petit crochet sur le levier de démarrage s'engrène entre les dents de la roue à rochet et la fait tourner encore d'une dent, un puissant ressort de blocage venant ensuite immédiatement fixer la nouvelle position.

Un bec d'embrayage, avec lequel la liaison avec le rouage est établie, doit alternativement s'enfoncer puis se relever entre les colonnes triangulaires.

Daniel JeanRichard
Chronograph Sport Tachymeter, acier,
automatique, calibre DJR 25
(base ETA 2824-2), 1999

Jaeger-LeCoultre
Master Chrono, acier, mouvement
à quartz avec fonction chronographe
mécanique, 1999

Jaeger-LeCoultre
Master Compressor Chronograph,
acier, automatique, calibre JLC 751,
2006

Daniel JeanRichard
Chronograph Classic, acier,
automatique, calibre DJR 25
(base ETA 2824-2), 1999

103

Daniel JeanRichard
TV Screen Chronograph, acier,
automatique, calibre DJR 25
(base ETA 2824-2), 1999

Junghans
Tourneur Chronograph,
acier, automatique,
calibre ETA 7750,
1999

Junghans
Chronographe, acier,
remontage manuel,
calibre 88, 1950

Junghans
Arthur Junghans Ambassador, acier
doré, automatique, calibre
ETA 7750, 2006

Lorsque l'embrayage reçoit l'instruction
« s'enfoncer », il se glisse avec son bec
dans l'espace compris entre deux des
sept (en général) colonnes de la roue à
rochet. Ainsi, la liaison entre les roues du
mouvement de la montre et le mouvement de chronographe peut être établie.

Si l'on actionne à nouveau le poussoir « démarrage », la première partie de l'opération
se répète, le bec d'embrayage est cette fois-ci cependant soulevé de l'une des colonnes triangulaires et l'engrènement entre la roue d'embrayage et la roue de chronographe se relâche. Les aiguilles du chronographe restent en position, du
fait de l'action qu'exercent le levier de blocage

JeanRichard
TV Screen Chronoscope, acier,
automatique, calibre JR 25 (base ETA
2824-2), lunette tournante sous verre
bidirectionnelle, 2006

Kurth
Chronographe Vénus, or rose,
remontage manuel, calibre
Venus 187, 1999

Maurice Lacroix
Chronographe à roue à rochet, or
jaune, remontage manuel, calibre
ML 83 (base Valjoux 23), 1999

Kelek
Chronographe, acier, automatique, calibre Kelek
2060 (base ETA 2892-A2), 1999

Kurth
Paris Chronographe, or jaune,
automatique, calibre
ETA 7750, 2006

Kriëger
Aficionado Chronoscope, acier,
automatique, calibre ETA 7750,
1999

Maurice Lacroix
Chronographe Réserve de Marche,
acier/or jaune, automatique, calibre
ML 30 (base ETA 7750), 1999

105

Maurice Lacroix
Croneo, acier, automatique, calibre
ETA 7750, 1999

Maurice Lacroix
Pontos Chronographe, acier, automatique,
calibre ML 111 (base ETA 7750), 2006

A. Lange & Söhne
Double Split, platine,
remontage manuel,
calibre Lange L001.1,
deux roues à rochet
pour commander la fonction
double rattrapante, 2006

Maurice Lacroix
Masterpiece Vénus, or blanc,
remontage manuel, calibre ML 36
(base Venus 175), 2006

A. Lange & Söhne
1815 Chronographe, or blanc,
remontage manuel, calibre
Lange L951.0, 2006

Lémania
Chronographe, acier, remontage
manuel à roue à colonnes, 1940

Limes
Integral Chrono, acier, automatique,
calibre ETA 7750, 2006

Locman
Panorama, or rose, automatique,
calibre ETA 2894-2, 2006

Longines
Chronographe, acier, remontage
manuel, calibre 13ZN, 1944

et le ressort de la roue de minutes, et l'actionnement final du poussoir situé à 4 heures remet à
zéro toutes les aiguilles du chronographe.

Longines
Chronographe, nickel,
mouvement à remontage manuel
à roue à colonnes, 1925

La rattrapante

Le chronographe à rattrapante est le plus complexe et le plus élaboré car l'aiguille de centre, la
trotteuse, est « dédoublée ». Les deux trotteuses
avancent normalement de façon tellement simultanée qu'on croirait qu'elles ne font qu'une. L'u-
ne des deux aiguilles peut être stoppée indépendamment de l'autre et la rattraper d'un seul coup,
d'où chronographe « à rattrapante ». Une autre caractéristique est le troisième poussoir, sur le côté
gauche du boîtier ou dans la couronne de remontoir en général, servant à stopper ou à faire avancer la seconde aiguille. Et l'utilité de ces montres
s'explique rapidement : deux sportifs doivent cou-
rir sur une distance donnée. Pour connaître leur
temps, on a besoin de deux chronomètres ou d'un
chronographe à rattrapante, qui n'occasionnera
pas d'erreur due à un mauvais actionnement des
deux poussoirs de démarrage. Au signal de départ, le poussoir de démarrage (à 2 heures sur le
boîtier) est actionné : les deux aiguilles s'élancent
en même temps. Lorsque le premier coureur est
arrivé, le poussoir situé sur la couronne ou sur le

Longines
Lindbergh Spirit Chronographe,
acier/or jaune, lunette tournante
bidirectionnelle pour déterminer
les longitudes, automatique, calibre
Longines L674.8 (base ETA 7750),
1999

Longines
Avigation Chronographe, acier,
automatique, calibre Longines L651
(base ETA 2894-2), 1999

Longines
Chronographe à rattrapante Francillon,
or jaune, automatique, calibre Longines
L668.2 (base ETA 7750), 1999

Longines
Francillon Chronographe, acier,
automatique, calibre Longines L667
(base ETA 7750), 1999

Longines
Master Collection Chronographe,
acier, automatique, calibre
Longines L651 (base ETA 2894-2),
édition spéciale Olympia, 2006

côté gauche du boîtier est enfoncé et l'aiguille A s'immobilise. Lorsque le deuxième coureur termine à son tour le parcours, le chronographe est stoppé de la manière usuelle, la deuxième aiguille s'arrête aussi et les chronos des deux coureurs peuvent être lus.

Il est possible de faire des mesures d'intervalles en continu en utilisant de façon répétée le poussoir de la rattrapante. Si l'on souhaite, par exemple, mesurer un intervalle plus long et des petites interruptions, la rattrapante sera stoppée plusieurs fois, lue puis libérée en appuyant de nouveau sur le poussoir, ce qui lui permettra de rattraper instantanément sa jumelle.

Axes intercalés

L'axe de la première roue de centre de chronographe tourne pour la rattapante dans un axe percé dans l'axe de la roue des minutes. Celui de la deuxième roue de chronographe dans l'axe créé par un trou similaire dans la première roue des secondes.

Minerva
Heritage, acier, remontage manuel, calibre Venus 175, 1999

Longines
Master Collection Chronographe, acier, automatique, calibre Longines L651 (base ETA 2894-2), 2006

Minerva
Chronographe amagnétique, or jaune, mouvement à remontage manuel à roue à colonnes, 1940

Longines
Tonneau Chronographe, acier, automatique, calibre Longines L667 (base ETA 7750), 1999

Mido
All Dial Chrono Chronometer, acier, automatique, calibre Mido 1320 (base ETA 7750), 2006

Minerva
Chronographe Athena II, argent fin,
automatique, calibre ETA 7750, 1999

Montblanc
Meisterstück Chronographe,
or jaune, automatique,
calibre ETA 7750, 1999

Movado
Chronographe, acier, remontage
manuel, calibre Movado C 95M,
calendrier complet avec indication
des phases de lune, 1950

Movado
Datron HS360, acier, automatique,
calibre 3019PHC (base Zenith 400
El Primero), 1975

Minerva
Palladio Nostalgia, acier,
automatique, calibre
ETA 7750, 1999

Mühle Glashütte
Teutonia II Chronographe, acier,
automatique, calibre ETA 7750, 2006

Franck Muller
Conquistador Chronographe,
or rouge, automatique, calibre
Franck Muller 1185 (base
Frédéric Piguet 11.85), 1999

Franck Muller
Cintrée Curvex Chronographe,
acier, automatique, calibre
FM 7002 C0 (base ETA 7750),
2006

Franck Muller
Cintrée Curvex Chronographe Havana, or jaune,
automatique, calibre Franck Muller 1185
(base Frédéric Piguet 11.85), 1999

Franck Muller
Master City, or rouge, automatique,
calibre Franck Muller 7000
(base ETA 7750), 1999

Franck Muller
Cintrée Curvex Chronographe
Birétrograde, or blanc, automatique,
calibre FM 7000 B, 2006

Omega
Speedmaster Broad Arrow, acier, automatique, calibre Omega 3303, certifié chronomètre (COSC), 2006

Nivrel
Chronographe grand compteur de minutes, acier, automatique, calibre ETA 2892-2 avec module chronographe 2073 par Dubois-Dépraz, 1999

Omega
Chronographe, acier, remontage manuel, calibre 33.3 CHRO T6, à roue à colonnes, 1938

Omega
Chronographe, or jaune, remontage manuel, calibre 28.1 CHRO T1, chronographe monopoussoir à roue à colonnes, 1939

Omega
Seamaster Professional Chrono Diver, titane/tantale/or rouge, lunette tournante unidirectionnelle avec échelle de plongée, automatique, calibre Omega 1164 (base ETA 7750), certifié chronomètre (COSC), 1999

Omega
Speedmaster Professional Mark II, acier, remontage manuel, calibre 861, 1968

Omega
De Ville Co-Axial Chronographe Rattrapante, acier, automatique, calibre Omega 3612 (base Omega 3303), certifié chronomètre (COSC), 2006

Omega De Ville Co-Axial Chronographe Rattrapante, 2006

Omega
Speedmaster Professional, acier,
remontage manuel, calibre Omega
1863 (Base Lémania 1873), 1999

Omega
Speedmaster Day-Date, acier,
automatique, calibre Omega 1151
(base ETA 7751), 1999

En fonctionnement normal du chronographe, la roue des secondes rattrapante est entraînée par une came en forme de cœur, qui repose sur la roue de chronographe. Un petit levier à ressort repose contre ce disque. À l'extrémité de ce levier se trouve un minuscule plateau qui saille entre les deux côtés supérieurs du cœur. Ainsi les deux trotteuses se trouvent exactement dans la même position et s'élancent en même temps lorsque le poussoir de démarrage est actionné.

Lorsque le poussoir, situé sur le boîtier et actionnant la rattrapante, est enfoncé, une pince, dont la forme rappelle un scarabée, vient bloquer

Omega
Dynamic Chrono, acier, automatique, calibre Omega 1138 (base ETA 2890-02), 1999

Oris
Williams F1 Chronographe, acier/traité en PVD noir, automatique, calibre Oris 673 (base ETA 7750), 2006

Patek Philippe
Chronograph Waterproof, or rose, remontage manuel, calibre 13-30 à roue à colonnes, 1953

Oris
Big Crown Chronograph, calibre Oris 674 (base ETA 2824-2), 1999

Panerai
Luminor 1950 Rattrapante, acier, automatique, calibre Panerai OP XVIII, certifié chronomètre (COSC), 2006

puis immobiliser la roue de rattrapante, qui n'est pas dentée. La roue de chronographe continue à avancer tandis que le plateau est poussé doucement par le petit levier à ressort contre le cœur et chemine le long de son pourtour.

Si l'on actionne de nouveau le poussoir de rattrapante, le levier à ressort pousse le rouleau vers le point le plus « profond » de la came, c'est-à-dire dans le creux du cœur, et la roue de rattrapante retourne à sa position de départ, tandis que les deux aiguilles se superposent de nouveau sur le cadran.

Patek Philippe
Chronographe calendrier
perpétuel, platine, remontage
manuel, calibre Patek Philippe
CH 27-70 Q, 1999

Paul Picot
Atelier Chronographe à rattrapante,
platine, remontage manuel,
calibre Paul Picot PP310
(base Vénus 179), 1999

Paul Picot
Firshire Tonneau Chronographe,
acier, remontage manuel,
calibre ETA 2892/2, 1999

Péquignet
Mooréa Chronographe Tonneau, acier/or jaune,
automatique, calibre ETA 2894, 1999

Péquignet
Mooréa Chronographe, acier/or jaune, automatique,
calibre ETA 2824-2 avec module chronographe Dubois-Dépraz,
certifié chronomètre (COSC), 1999

115

Porsche Design
P 6613 PGR, or rose, automatique,
calibre ETA 7750 AR2, 2006

Paul Picot
Le Chronographe Mythique, acier/or
jaune, automatique, calibre ETA 7750
modifié, 1999

Retour en vol

Le « flyback » est une fonction supplémentaire des chronographes, plutôt rare, à laquelle l'horlogerie s'est à nouveau de plus en plus intéressée ces derniers temps. L'expression utilisée pour décrire ce mécanisme est « retour en vol », bien que la fonctionnalité ait bien peu de choses à voir avec le vol au sens strict du terme. En réalité, cela signifie que le chronographe peut être remis à zéro en cours de chronométrage sans avoir été au préalable stoppé.

Pour réussir à faire cela, le chronographe doit être construit de telle façon que la bascule de remise à zéro, normalement bloquée lorsqu'une mesure est en cours et actionnée par le poussoir inférieur situé à 4 heures, puisse être déplacée même lorsque le chronographe tourne.

Paul Picot
Technograph, acier,
automatique, calibre
ETA 7750, 2006

Porsche Design
P 6612 PAC, aluminium/traité
en PVD noir, automatique,
calibre ETA 2894-2, 2006

Auguste Reymond
Cotton Club Black Chrono, acier,
automatique, calibre ETA 7750, 1999

Auguste Reymond
Jazz Age, or jaune, automatique,
calibre ETA 7751, indication
des phases de lune, 2006

Porsche Design
ndicator, titane, automatique, calibre Porsche
Design (base ETA 7750), affichage numérique
des chronos (heures et minutes), 2006

Robergé
Andromède II Chronographe, acier,
mouvement à quartz avec module
chronographe mécanique, calibre
de base Frédéric Piguet 1270, 1999

Rolex
Oyster Cosmograph Daytona,
acier, remontage manuel,
calibre 727, 1979

Robergé
Andromède RS Chronographe, acier, mouvement à quartz
avec module chronographe mécanique, calibre de base
Frédéric Piguet 1270, 1999

Robergé
M 31 Chronographe, or jaune,
mouvement à quartz avec module
chronographe mécanique, calibre
de base Frédéric Piguet 1270, 1999

Lorsque cela se produit, la bascule précipite le
marteau contre les deux cœurs sur les axes de la
roue de centre de chronographe et de la roue
compteuse de minutes. Sous l'effet de ce coup de
marteau puissant, les cœurs se posent avec leur
surface plane contre le marteau. Lorsque l'on relâche le poussoir, le marteau revient en arrière
et le chronographe continue d'avancer.

Un nombre infini de variantes

Décrire les innombrables variantes de ces montres incroyables dépasserait le cadre qui nous est
alloué ici. Ce n'est pas un hasard s'il existe des
ouvrages entièrement consacrés aux chronographes.

Rolex
Oyster Chronograph Antimagnetic Jean-Claude Killy, acier,
remontage manuel, calibre 72C, calendrier complet, 1954

Rolex

Oyster Chronograph « Pre-Daytona »,
acier, remontage manuel,
calibre 722.1, 1966

Rolex

Chronographes Oyster, acier à remontage manuel,
à gauche et à droite calibre R23, au milieu
chronographe avec calendrier complet, calibre
Valjoux 72 C, 1945 à 1950

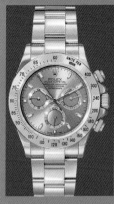

Rolex

Oyster Perpetual Cosmograph Daytona,
acier/or jaune, automatique, calibre
Rolex 4130, 2006

Daniel Roth

Chronographe à remontage manuel,
or blanc, calibre de base Lémania
NL 2310, modifié par Daniel Roth,
1999

119

Daniel Roth
Chronographe automatik, acier,
calibre de base Zenith 400 El Primero,
modifié par Daniel Roth, 1999

Jörg Schauer
Quarada, acier, automatique,
calibre ETA 7750, 2006

Jörg Schauer
Chronographe Kulisse Édition 1, acier, automatique,
calibre ETA 7750, modifié par Jörg Schauer, 1999

Scalfaro
Cap Ferrat Chrono Grande Date
Fly-Back, acier, automatique,
calibre ADK 151 (base ETA 7750),
lunette tournante sous verre
bidirectionnelle, 2006

Jörg Schauer
Chronographe Kulisse Édition 4, acier, automatique
calibre ETA 7750 avec affichage 24 heures,
modifié par Jörg Schauer, 1999

Jörg Schauer
Chronographe Kulisse Édition 5, acier, automatique
calibre ETA 7750 avec rattrapante,
modifié par Jörg Schauer, 1999

Scalfaro
Porto Cervo Chronograph TriCompax, acier,
automatique, calibre ADK 150 (base ETA 7750), 2006

Otto Schlund
Chronographe Classique, acier, automatique,
calibre ETA 7750, 2006

Alexander Shorokhoff
Leo Tolstoï, acier, remontage manuel,
calibre Poljot 3133, 2006

Schwarz Etienne
Fly-Back, acier, automatique,
calibre LIP 8151 (base ETA
7750), 2006

Alain Silberstein
Krono A, acier, automatique, calibre
Frédéric Piguet 1185, modifié
par Alain Silberstein, 1999

Alain Silberstein
Krono B, acier, automatique,
calibre Lémania 5100, modifié
par Alain Silberstein, 1999

Alain Silberstein
Bolido Krono Carbonfiber, acier, automatique, calibre
Frédéric Piguet 1185, 2006

Sinn
Le Chronographe en or, or jaune, automatique, calibre ETA 7750,
certifié chronomètre (COSC), 1999

Alain Silberstein
Krono Bauhaus 2 Woodland,
acier/cloisonné laqué, automatique,
calibre ETA 7751, 2006

Sinn
303 Kristall Yukon Quest
Chronograph, acier, capsule
d'étanchéité vissée dans
le boîtier, huile spéciale
résistante au froid,
automatique, calibre ETA
7750, 1999

Sinn
Le Chronographe de navigation, acier/doré,
remontage manuel, calibre Lémania 1873, 1999

Sinn
Le Chronographe sportif classique,
acier/doré, automatique, calibre
ETA 7751, calendrier complet,
indication des phases de lune et
affichage 24 heures, 1999

Sinn
Chronographe Multifonctions, acier, automatique, calibre
ETA 7750, affichage 24 heures (deuxième fuseau horaire), 2006

Sinn
Chronographe Rallye, acier, automatique, calibre ETA 7750,
avec indication de la réserve de marche, 2006

La taille de ce chapitre en dit déjà long sur l'importance de ce sujet, d'autant plus que les instruments horaires présentés dans les sections suivantes (montres d'aviateur, montres de plongée, montres calendriers) peuvent également servir à mesurer de courts laps de temps.

Nous constatons avec plaisir qu'au cours des dernières années de nouveaux chronographes se sont ajoutés aux nombreux modèles construits sur la base du calibre ETA/Valjoux 7750. Zenith, Patek Philippe, Rolex, A. Lange & Söhne, Glashütte Original et Jaeger-LeCoultre notamment utilisent des constructions maison. Plus récemment, certaines marques d'horlogerie ont modifié l'appellation « chronographe » pour leurs montres.

Des néologismes ont fait leur apparition avec par exemple le « PanoRetroGraph » de Glashütte Original ou le « DatoGraph » d'A. Lange & Söhne, qui sont tout aussi inhabituels que les montres qu'ils désignent.

À vrai dire, peu de porteurs de chronographes ont réellement besoin d'un tel objet. Mais ce sont des gadgets amusants au style très masculin. Un homme pourrait-il souhaiter autre chose ?

Sothis
Chronographe Spirit of Moon, acier,
automatique, calibre ETA 7751,
calendrier complet, 1999

Sothis
Janus, acier, automatique,
calibre ETA 7750, 2006

Sothis
Chronographe Big Bridge, acier,
automatique, calibre ETA 2892-A2
avec module chronographe 2025
Dubois-Dépraz, 1999

TAG Heuer
6000 Chronomètre-Chronographe, acier, automatique,
calibre ETA 2894-2, certifié chronomètre (COSC), 1999

TAG Heuer
Monaco (réédition), acier, automatique,
calibre ETA 2894-2, 1999

TAG Heuer
S/el Chronographe, acier,
automatique, calibre ETA 7750, 1999

TAG Heuer
Carrera Chronographe, acier,
automatique, calibre TAG Heuer 16
(base ETA 7750), 2006

TAG Heuer
Microtimer, acier, mouvement à quartz,
calibre TAG Heuer HR 03, précision
de mesure 1/1000 seconde, 2006

TAG Heuer
1964 Heuer Carrera (réédition),
acier, remontage manuel, calibre
Lémania 1873, 1999

TAG Heuer
Link Chronographe, acier, automatique,
calibre TAG Heuer 16 (base ETA 7750), 2006

Intermède historique : qu'est-ce que la mesure du temps exactement ?

On peut naturellement se poser la question de savoir de quelle façon le temps doit être mesuré, ce qui requiert en retour une définition plus précise du concept « temps ». D'un point de vue froidement scientifique, « le temps est la succession d'évènements ». Alors, et comment mesure-t-on la durée d'un « évènement » ?

Les hommes ont, pour tous les types de mesures, que ce soit le poids, la pression atmosphérique ou la température, arbitrairement créé des unités. Même le mètre étalon introduit en France en 1795 comme étant la dix millionième partie d'un quart de méridien terrestre, a été défini de façon arbitraire, car on aurait tout aussi bien pu nommer « mètre » la dix millionième partie de la moitié de la distance entre les deux pôles.

TAG Heuer
Monaco Chronographe Steve McQueen,
acier, automatique, calibre TAG Heuer
17 (base ETA 2894-2), 2006

125

TAG Heuer
Chronographe Monza, acier,
automatique, calibre TAG Heuer 17
(base ETA 2894-2), 2006

Temption
Chronographe à complication, acier,
automatique, calibre Temption 17.2
(base ETA 7751), calendrier complet,
affichage 24 heures, 1999

Temption
Chronographe, acier, automatique,
calibre Temption T17.1 (base ETA
7750), 1999

Toutefois il convient ici de noter que pour le temps, comme pour aucun autre phénomène, la nature nous fournit elle-même des unités de mesure grâce au parcours des astres et à d'autres phénomènes célestes récurrents et constants. La rotation de la Terre, par exemple, les phases de Lune ou la révolution régulière de la Lune autour de la Terre, la rotation de la Terre autour du Soleil et l'apparition régulière d'un système fixe sur la voûte céleste furent les premières durées observées et « mesurées ».

TAG Heuer
Calibre 360, acier, automatique/
remontage manuel, calibre
TAG Heuer 360, précision
de mesure 1/100 seconde, 2006

Temption
Chronographe Formula, acier,
automatique, calibre Temption T17.1
(base ETA 7750), 2006

Les bâtiments de l'Antiquité ou datant d'époques avant notre historiographie attestent de l'ampleur des connaissances que nos ancêtres avaient acquises simplement en observant les astres. Les peuples antiques savaient déjà que certaines constellations apparaissaient à intervalles réguliers dans le ciel et érigeaient en conséquence certaines parties de leurs édifices pour qu'elles deviennent des « instruments » astronomiques. Le soleil, par exemple, ne pénétrait dans le bâtiment par un trou pratiqué dans le mur que le premier jour du printemps et de l'automne et éclairait un point précis à l'intérieur de la pièce.

Même l'Église catholique, qui a longtemps contesté l'existence de notre système planétaire hélio

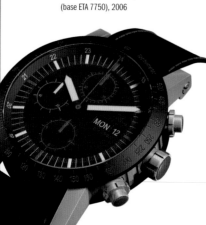

Temption

Cherubin R Chronographe à rattrapante, acier, automatique, calibre Temption 19.1 (base calibre ETA 7750), fonction rattrapante, 2006

Tissot

Chronographe, acier, remontage manuel à roue à colonnes, 1950

Tissot

Chrono Valjoux, acier, automatique, calibre ETA 7750, 2006

Tissot

PRS Chrono Valjoux, acier, automatique, calibre ETA 7750, 2006

Tudor

Oyster Date Chronographe, acier, remontage manuel, calibre Valjoux 234, 1980

Tudor
Prince Date Chronograph,
acier, automatique, calibre
ETA 7750-1, 2006

Tutima
Chronographe F2 PR, acier, automatique, calibre
ETA 7750, indication de la réserve de marche, 2006

Ulysse Nardin
Chronographe, or jaune, remontage manuel,
chronographe monopoussoir à roue
à colonnes, 1925

Ulysse Nardin
Chronographe, or jaune, remontage
manuel, chronographe monopoussoir
à roue à colonnes, cadran émail avec
échelle double de tachymètre, 1930

centrique et n'était pas considérée comme particulièrement partisane de l'astronomie – elle ne réhabilita d'ailleurs le grand astronome Galilée que vers la fin du XXᵉ siècle – autorisa que soient pratiqués dans le toit de quelques églises en Italie des petits orifices, par lesquels passait à certains jours précis de l'année (par exemple au moment de l'équinoxe) un rayon lumineux qui éclairait un point précis du sol de l'église. Certains de ces trous étaient même percés de telle façon que la lumière du soleil, concentrée en un point, dessine une ligne imaginaire sur le sol de l'église au cours de l'année.

Il fallut naturellement beaucoup de temps pour que ces observations astronomiques débouchent sur une mesure précise du temps. Il advint finalement que l'intervalle séparant les deux points culminants du soleil pendant deux jours consécutifs soit divisé en 12 portions. Le moment où le soleil est à son zénith fut dès lors considéré comme la fin du premier et le début du second intervalle de 12 heures c'est-à-dire comme le symbole du milieu de la journée, le « midi ».

Ulysse Nardin
Marine Chronographe, acier, automatique, calibre
Ulysse Nardin 36 (base ETA 2892), 1999

Trois magnifiques chronographes des marques de tradition
suisses Omega, Eterna et IWC.

Ulysse Nardin
Chronographe à rattrapante Berlin I,
or jaune, automatique, calibre Ulysse
Nardin UN 57, 1999

Union
Chronographe Tradition automatique,
acier, automatique, calibre
Union 26-31, 1999

Union
Sport Chronographe, acier, automatique,
calibre Union 26-31, 1999

Union
Diplomat Chronographe, acier, automatique
calibre Union 26-32, 2006

Les heures ainsi obtenues, dont le nom vient du latin hora qui désigne à l'origine les prières présentées dans des bréviaires, les « livres d'heures », furent à leur tour divisées en 60 plus petits intervalles, les minutes (du latin minuere, diminuer). La deuxième subdivision de l'heure (du latin secunda, deuxième), la seconde, fut introduite par la suite et représente un soixantième de la minute. Elle reste ainsi dans un système de numérotation duodécimal et fut appelée seconde.

En anglais, cette division de la journée en deux fois 12 heures est clairement exprimée dans le langue. Le « matin », de minuit à midi, est désigné par l'expression « ante meridian » (a.m., ante signifiant « avant » en latin) et l'« après-midi » (de midi à minuit) par l'expression « post meridian » (p.m., post signifiant « après » en latin). Cette dénomination ne décrit rien de plus que l'ascension du soleil vers son point culminant sur le méridien situé à la perpendiculaire de la ligne d'horizon puis sa descente.

Universal Genève
Chronographe, or rouge, remontage manuel, calibre 285 à roue à rochet, 1950

Union
Tradition Chronographe, acier, automatique, calibre Union 26-31, 1999

Universal Genève
Golden Master Tech, or jaune, remontage manuel, calibre Universal Genève 88 (base ETA 7760), 1999

Universal Genève,
Golden Compax 1950, acier, remontage manuel, calibre Universal Genève 84 (base Lémania 1873), 1999

Universal Genève
Senna Watch, acier/carbone, remontage manuel, calibre Universal Genève 98 (base ETA 7750), 1999

**Urban Jürgensen
& Sønner**

Référence 1, platine, automatique,
calibre Zenith 4001 El Primero, 2006

Vacheron Constantin

Les Historiques Chronographe, calibre
Vacheron Constantin 1140, 1999

Vacheron Constantin

Royal Eagle Chronograph, or rose,
automatique, calibre Vacheron
Constantin 1137, 2006

Vacheron Constantin

Chronographe, or jaune, remontage
manuel, calibre V 434 à roue
à colonnes, 1938

Victorinox

AirBoss Mach 6, acier, automatique,
calibre ETA 7753, 2006

George J. von Burg
Classic Collection, acier doré, automatique, calibre ETA 7750, 2006

Louis Vuitton
Speedy Chronographe Automatique, acier, automatique, calibre ETA 2894-2, 2006

Raymond Weil
Parsifal Chronographe, acier/or jaune, automatique, calibre ETA 2829-A2, 1999

En raison de l'inclinaison de l'axe de la Terre, les jours ont des longueurs différentes en été et en hiver. Ainsi, les heures n'avaient de même pas toutes la même durée au Moyen Âge. Ce phénomène prit fin avec l'invention de la première horloge à rouage, car un rouage d'horlogerie chemine, indépendamment de la période de l'année, toujours à la même vitesse et ne peut être que légèrement influencé par le réglage du système d'oscillation (verge, balancier, pendule).

À l'époque où la mesure du temps ne devait pas encore être aussi précise que maintenant, les pendules n'avaient qu'une seule aiguille pour les heures. La précision des mouvements d'horlogerie, que l'on pourrait comparer à celle des mouvements mécaniques que nous connaissons aujourd'hui, ne fut atteinte qu'à la fin du XVIIe siècle puis au XVIIIe siècle.

Raymond Weil
Parsifal Chronographe, acier,
automatique, calibre RW 7300
(base ETA 2894-2), 2006

Raymond Weil
Chronographe automatique
Saxo, acier, automatique,
calibre ETA 7750, 1999

Xemex
Avenue Chronographe, acier,
automatique, calibre
ETA 2894-2, 2006

Zenith
Grande ChronoMaster GT, acier,
automatique, calibre Zenith 4001,
El Primero, 2006

Harry Winston
Chronographe Pulsomètre, platine,
automatique, calibre Frédéric Piguet
1185, 1999

Zenith
Class El Primero, acier,
automatique, calibre Zenith 4002
El Primero, 2006

Zenith
Chronomaster Chronographe, acier,
automatique, calibre Zenith 400
El Primero, certifié chronomètre
(COSC), 1999

Zenith
Class 4 Chronographe, acier,
automatique, calibre Zenith 400
El Primero, 1999

Zenith
Chronographe, argent fin, remontage
manuel, chronographe avec couronne
tournante et roue à colonnes, 1920

Zenith
Port-Royal Open Concept, titane,
automatique, calibre Zenith 4021 C
El Primero, mouvement partiellement
squelette, 2006

Zenith
Chronographe Rainbow, acier, automatique,
calibre Zenith 400 El Primero, 1999

Zenith
Chronomaster Open XXT, acier,
automatique, calibre Zenith 4021
El Primero, mouvement partiellement
squelette, 2006

3. MONTRES D'AVIATEUR

Qu'est exactement une véritable montre d'aviateur ?
Voilà une question que les pilotes posent aujourd'hui
aussi fréquemment, et souvent avec autant d'enthousiasme
que les horlogers eux-mêmes. Le point sur lequel ils tombent
unanimement d'accord est généralement le suivant :
une montre d'aviateur doit être un instrument horaire
de très haute précision facilement lisible même dans
des conditions extrêmes. Vient s'ajouter toute une gamme
de caractéristiques qui ont leur importance aussi bien
en vol qu'au quotidien.

Aristo
XL Edition Navigator, acier,
automatique, calibre ETA 2801, 2006

Bell & Ross
Instrument BR01-94,
acier/traité en PVD noir,
automatique, calibre ETA
2894-2, chronographe, 2006

Bell & Ross
Vintage 126 XL, acier, automatique,
calibre ETA 2894-2, chronographe,
2006

Le joaillier et horloger Cartier n'est pas particulièrement considéré comme un spécialiste des montres de sport. Et pourtant, le premier instrument horaire méritant de porter le nom de montre d'aviateur fut précisément fabriqué par cette illustre maison. Le pionnier de l'aviation Alberto Santos-Dumont, célèbre dandy du Paris de la Belle Époque, se plaignit des problèmes qu'il rencontrait avec sa montre de gousset. Il expliqua que lorsqu'il était en train de tester ses ballons à hydrogène, il avait les deux mains totalement occupées et n'avait tout simplement aucune possibilité de contrôler ses temps de vol.

À cette époque, les montres de gousset se portaient accrochées à des chaînes. La sortir de sa poche, lire l'heure puis la remettre à sa place aurait entraîné une perte de contrôle dangereuse de l'engin volant. Louis-Joseph Cartier, ami d'Alberto Santos, l'écouta avec attention et développa la toute première montre-bracelet avec le maître horloger Edmond Jaeger. À chiffres romains, deux aiguilles et une couronne moletée, elle se fixait au poignet à l'aide d'un bracelet en cuir.

Une bonne lisibilité est capitale

Cette rétrospective évoque des attributs qui ont toujours leur importance aujourd'hui. On peut citer en premier lieu la fixation fiable de la montre au poignet et ce de façon à ce qu'elle soit

Breitling
Navitimer, acier, remontage manuel,
calibre Venus 178, chronographe,
lunette tournante bidirectionnelle
avec fonction règle à calcul, 1969

Breguet
Transatlantique, acier, automatique, calibre
Breguet 582Q, chronographe avec fonction flyback,
lunette tournante bidirectionnelle, 1999

Breitling
Colt Ocean Automatic, acier, automatique, calibre Breguet
17 (base ETA 2892-2), lunette tournante unidirectionnelle
avec graduation sur 60 minutes, 1999

Breguet
Type XX Transatlantique, acier,
automatique, calibre Breguet 582Q,
chronographe avec fonction flyback,
lunette tournante bidirectionnelle,
2006

Breitling
Navitimer, acier, automatique, calibre
12 avec microrotor, chronographe,
lunette tournante bidirectionnelle
avec fonction règle à calcul, 1968

Breitling
Colt Superocean, or jaune,
automatique, calibre Breitling 10
(base ETA 2892-2), certifié
chronomètre (COSC), lunette tournante
unidirectionnelle avec graduation
sur 60 minutes, 1999

Breitling
Spatiographe, acier, automatique,
calibre Breitling 36 (base ETA 2892-A2),
compteur 10 minutes sautantes
à 9 heures, lunette tournante
bidirectionnelle avec fonction règle
à calcul, 2006

Breitling
Montbrillant, acier, automatique, calibre
Breitling 19 (base ETA 2892-A2), calendrier
complet avec indication des phases de lune,
lunette tournante bidirectionnelle avec fonction
règle à calcul, 1999

Breitling
Navitimer Twinsixty, acier, automatique,
calibre Breitling 36 (base ETA 2892-A2),
lunette tournante bidirectionnelle
avec fonction règle à calcul, 1999

Breitling

Navitimer Heritage, or blanc, automatique, calibre
Breitling 35 (base ETA 2892-2), certifié chronomètre
(COSC), chronographe, lunette tournante
bidirectionnelle avec fonction règle à calcul, 2006

Breitling

Emergency Mission, acier, mouvement
à quartz, calibre Breitling 73 (base ETA
251.262), certifié chronomètre (COSC),
chronographe, lunette tournante
bidirectionnelle avec graduation sur 60
minutes, microémetteur calé sur la
fréquence de détresse aviation, 2006

Breitling

Navitimer, acier, automatique, calibre Breitling 23
(base ETA 7750), certifié chronomètre (COSC),
chronographe, lunette tournante bidirectionnelle
avec fonction règle à calcul, 2006

Certina

DS Pilot Automatik Chrono, acier,
automatique, calibre Certina 674
(base 7750), 2006

toujours visible et lisible. Au cours des Première et Deuxième Guerres mondiales, les
pilotes firent parfois équiper leurs montres de bracelets en cuir très longs afin de les
porter par-dessus leurs épais blousons ou com-
binaisons, voire autour de la cuisse.

La deuxième caractéristique essentielle d'une
montre d'aviateur est sa lisibilité rapide. Même
à l'époque du tout numérique, une montre analogique présente des avantages incontestables par
rapport à son homologue numérique. Nous sommes tellement habitués à déchiffrer la position
des aiguilles sur le cadran pour connaître l'heure que nous le faisons en une fraction de seconde, tandis que nous faisons plus d'effort pour lire les affichages numériques. La même situation
s'observe d'ailleurs chez les militaires. Une lisibilité parfaite y est également d'une importance
plus que capitale. C'est pourquoi les instruments
horaires appelés aujourd'hui montres d'aviateur
possèdent pour la plupart des cadrans noirs avec
des aiguilles et des chiffres blancs qui, pour per-
mettre une meilleure lisibilité pendant la nuit,
sont de plus enduits d'une substance luminescente et disposent d'une position 12 heures clai-

Cyma
Montre de service, remontage manuel, acier, montre-bracelet des forces armées britanniques, 1940

Doxa
Flieger II, acier, remontage manuel, calibre ETA 2801, 2006

Doxa
Fliegerchronograph, acier, remontage manuel, montre utilisée par l'armée de l'air allemande, 1940

Chronoswiss
Timemaster Flyback, acier, automatique, calibre Chronoswiss C.673 (base ETA 7750), chronographe avec fonction flyback, cadran entièrement enduit de substance luminescente, 2006

Doxa
Antimagnétique, acier, remontage manuel, 1940

142

Enicar
Jet Graph, acier, remontage manuel,
calibre Valjoux 724, lunette tournante
pour le réglage d'un deuxième fuseau
horaire, 1969

Eterna
Airforce III Chronographe, acier,
automatique, calibre ETA 7750,
lunette tournante bidirectionnelle
avec graduation sur 60 minutes, 1999

Eterna
Airforce II, acier, automatique,
calibre ETA 2824-2, 1999

Eterna
Montre d'aviateur, acier, remontage
manuel, calibre 852S, montre utilisée
par l'armée de l'air allemande, 1935

143

Excelsior Park
Chronographe Monte Carlo,
acier, remontage manuel, calibre
Valjoux 7740, lunette tournante
avec graduation sur 60 minutes, 1975

rement distincte. C'est à cela que ressemblait la première « montre spéciale pour aviateurs » du suisse IWC. Elle possédait en outre un réhaut tournant avec une flèche d'index phosphorescente.

Les montres utilisées par les pilotes de l'armée de l'air allemande, appelées Beobachtungsuhren, abrégé en B-Uhren, pour « montres d'observation », représentent l'exemple type en matière de lisibilité. Elles furent fabriquées dans les années 1940 par Wempe, Lange & Söhne, IWC ainsi que Stowa et Laco, toutes les deux localisées à Pforzheim en Allemagne. Les trois dernières marques mentionnées proposent aujourd'hui dans leur collection des interprétations modernes de leurs anciennes montres pour « professionnels », qui, en raison de leur fonctionnalité mais également de leur riche histoire, remportent un vif succès auprès de la clientèle.

Fortis
Chronographe d'aviateur automatique, acier,
automatique, calibre ETA 7750, 1999

Fortis
Pilot Professional Automatic,
acier/traité en PVD noir, automatique,
calibre ETA 2836-2, 1999

Jacques Etoile
Lissabon Grand Aviator, acier,
remontage manuel, calibre ETA
modifié Unitas, 1999

144

Fortis
B-42 Official Cosmonauts Chronograph, acier, automatique, calibre ETA 7750, modèle spécial avec fond arborant le logo officiel de la station spatiale ISS, limité à 500 exemplaires, 2006

Fortis
Official Cosmonauts Chronograph, acier, automatique, calibre Lémania 5100, affichage 24 heures supplémentaires (deuxième fuseau horaire), 1999

Fortis
Flieger Automatic, acier, automatique, calibre ETA 2824-2, 2006

Glashütte Original
Senator Fliegerautomatik Panoramadatum, acier, automatique, calibre Glashütte Original 39-42, 1999

Glashütter Uhrenbetrieb GUB
Tutima Chronograph, acier, remontage manuel, calibre Urofa 59 à roue à colonnes surnommé « chronographe de la Wehrmacht », 1942

Glashütte Original
Senator Fliegerautomatik, acier,
automatique, calibre Glashütte
Original 39-10, 1999

Hamilton
Montre d'aviateur, acier, remontage
manuel, calibre H75, montre utilisée
par la Royal Air Force britannique, 1965

Glashütte Original
Senator Fliegerchronograph, acier,
automatique, calibre Glashütte
Original 39-30, 1999

Glycine
Airman MLV, acier, automatique, calibre ETA
2893-2, affichage 24 heures supplémentaire
(deuxième fuseau horaire), cadran entièrement
enduit de substance luminescente, 2006

Des boîtiers en fer doux contre les champs magnétiques

Depuis la Deuxième Guerre mondiale, la protection des mouvements d'horlogerie contre les champs magnétiques fait partie des indispensables des montres d'aviateur. Les écrans des radars au sol, de plus en plus nombreux, émettent des champs magnétiques si puissants que le fonctionnement des montres peut être influencé.

Bien que l'on utilise aujourd'hui pour les spiraux des alliages moins sensibles au magnétisme, on peut encore constater une influence négative sur les montres dans le cockpit. Les fabricants de montres d'aviateur suivant à la lettre les règles de l'art, tel Sinn ou IWC, continuent à équiper leurs montres d'un boîtier interne en fer doux détournant le magnétisme du mouvement d'horlogerie.

Les pilotes et « accros du chrono » ne peuvent pas se passer de la fonction stop seconde. Ce mécanisme arrête la montre en tirant sur la couronne de remontoir et la redémarre lorsqu'on l'enfonce de nouveau. Il est ainsi possible de synchroniser fa-

Hamilton
Montre militaire, acier, remontage manuel, calibre H75, montre utilisée par les forces armées britanniques, 1973

Hanhart
Tachy-Tele, acier, remontage manuel, calibre Hanhart 40, chronographe des forces armées allemandes avec échelle de tachymètre et de télémètre, 1935

Hanhart
Chronographe d'aviateur monopoussoir, acier, remontage manuel, calibre Hanhart 40, montre utilisée par l'armée de l'air allemande, 1935

Hamilton
Chronographe d'aviateur, acier, remontage manuel, calibre Valjoux 7733, montre utilisée par la Royal Air Force britannique, 1969

Hanhart
Chronographe d'aviateur monopoussoir, acier, remontage manuel, calibre Hanhart 40, lunette tournante bidirectionnelle avec repère, montre utilisée par l'armée de l'air allemande, 1936

Hanhart
Chronographe d'aviateur, acier, remontage manuel, calibre Hanhart 40, lunette tournante bidirectionnelle avec repère, montre utilisée par l'armée de l'air allemande, 1945

147

Heuer

Chronographe d'aviateur
de la Bundeswehr, acier, remontage
manuel, calibre Valjoux 233,
chronographe avec fonction flyback,
lunette tournante bidirectionnelle
avec graduation sur 60 minutes, 1970

Heuer

Chronographe d'aviateur, acier,
remontage manuel, calibre Valjoux
7733, chronographe avec fonction
flyback, lunette tournante
bidirectionnelle avec graduation
sur 12 heures, montre utilisée
par l'armée de l'air argentine, 1975

Hanhart

Réédition du chronographe Tachy-Tele, acier,
remontage manuel, calibre ETA 7760,
chronographe, lunette tournante
bidirectionnelle avec repère, 2006

Hanhart

Primus, acier, remontage manuel,
calibre Hanhart 704 (base ETA 7760),
chronographe monopoussoir, lunette
tournante bidirectionnelle
avec repère, 2006

Hanhart

Pioneer Caliber II, acier,
automatique, calibre Hanhart 716
(base ETA 7750), chronographe,
lunette tournante bidirectionnelle
avec repère luminescent, 2006

IWC

Mark XI, acier, automatique, calibre IWC 89, protection contre les champs magnétiques par boîtier interne en fer doux, montre utilisée par la Royal Air Force britannique, 1951

Ikepod

Megapode Pilot Chronograph, acier, automatique, calibre ETA 7750, certifié chronomètre (COSC), affichage 24 heures supplémentaire (deuxième fuseau horaire), anneau tournant sous verre avec fonction règle à calcul, 1999

IWC

Montre d'aviateur, acier, remontage manuel, calibre IWC 52, montre utilisée par l'armée de l'air allemande, 1940

IWC

Mark X, acier, automatique, calibre IWC 83, protection contre les champs magnétiques par boîtier interne en fer doux, montre utilisée par la Royal Air Force britannique, 1944

IWC

Mark XII, acier, automatique, calibre IWC .884/2, protection contre les champs magnétiques par boîtier interne en fer doux, 1999

149

IWC

Mark XV, acier, automatique,
calibre IWC 37524 (base ETA
2892-A2), protection contre les
champs magnétiques par boîtier
interne en fer doux, 2006

cilement des montres les unes avec les autres, ou
suivant un signal radio, ce qui est particulièrement indispensable dans le contexte militaire.

La robustesse est indispensable

Un cockpit, mis à part sur les machines d'avant-
guerre, est en général un endroit sec, mais la
montre d'un pilote entrera toujours en contac
avec l'eau à un moment ou à un autre, avant ot
après le vol. L'étanchéité fait donc également pa
tie des critères indispensables d'une véritabl
montre d'aviateur. Cependant, les données indi
quées sur une montre ne doivent pas être prise
au pied de la lettre. Une montre, décrite comm
étanche jusqu'à 30 mètres selon la norme DI
n'est absolument pas adaptée à une plongée
30 mètres de profondeur. Ce genre de modèle es

IWC
UTC, acier, automatique, calibre IWC C.37526, affichage 24 heures supplémentaire dans un guichet sur le cadran à 12 heures (deuxième fuseau horaire), protection contre les champs magnétiques par boîtier interne en fer doux, 1999

IWC
Chronographe d'aviateur, acier, automatique, calibre IWC C.7922 (base ETA 7750), protection contre les champs magnétiques par boîtier interne en fer doux, 1999

IWC
Montre d'aviateur chronographe à rattrapante, acier, automatique, calibre IWC 79230 (base ETA 7750), chronographe à rattrapante, protection contre les champs magnétiques par boîtier interne en fer doux, 1999

IWC
Grande montre d'aviateur, acier, automatique, calibre IWC 5011, protection contre les champs magnétiques par boîtier interne en fer doux, 2006

151

Ce chronographe à rattrapante IWC possède l'apparence classique des montres d'aviateur : typographie du cadran très lisible, fonctions additionnelles et boîte couleur noir mat non éblouissant.

utilisable pour les « activités quotidiennes » comme par exemple le lavage des mains ou les ballades sous la pluie, et résiste aux éclaboussures. En revanche, si vous souhaitez aller vous baigner avec votre montre, vous aurez besoin d'une garantie d'étanchéité jusqu'à 100 mètres (conformément à la norme DIN).

La qualité du verre de la montre joue aussi u. rôle primordial. Ainsi, la Speedmaster Professio nal d'Omega, surnommée « Moon-Watch » parc qu'utilisée lors de plusieurs missions Apollo, éta et est toujours dotée d'un verre en matière pla tique. Avec son élasticité, il supporte des variation de pression sans éclater ni sauter. En revanch

IWC

Spitfire chronographe à rattrapante, acier, automatique, calibre IWC 79230 (base ETA 7750), chronographe à rattrapante, protection contre les champs magnétiques par boîtier interne en fer doux, 2006

Jaeger-LeCoultre

LeCoultre Chronographe, acier, remontage manuel, calibre Valjoux 72, lunette tournante bidirectionnelle avec graduation sur 60 minutes, 1970

Daniel JeanRichard

Bressel Militaire, acier, remontage manuel, calibre 16 DJR (base ETA Unitas), 1999

Junghans

Chronographe d'aviateur de la Bundeswehr, acier/chromé, remontage manuel, calibre Junghans 88, montre utilisée par l'armée de l'air allemande, 1950

Daniel JeanRichard

Automatic Militaire, acier, automatique, calibre 24 DJR (base ETA 2824-2), 1999

153

Junghans
Chronographe d'aviateur
de la Bundeswehr, acier/chromé,
remontage manuel, calibre Junghans
88, lunette tournante bidirectionnelle
avec graduation sur 60 minutes,
montre utilisée par l'armée de l'air
allemande, 1955

Junghans
Chronographe, acier, remontage
manuel, calibre Junghans 88, 1945

il se raye facilement. Mais, contrairement aux ver-
res minéraux, les rayures faites sur du plexiglas
peuvent être facilement polies. Sur les montres
haut de gamme, la préférence est de nos jours
donnée au verre saphir anti-reflet qui ne se raye
pas facilement et offre une bonne visibilité.

La montre, un outil d'aide à la navigation

Aux débuts de l'aviation l'une des fonctions es-
sentielles était la navigation, en particulier sur
les vols long courrier. Les pilotes travaillaient alors
comme les marins et naviguaient avec les mêmes
outils, dont une montre de grande précision. C'est
précisément ce que portait Charles Lindbergh
lors de son premier vol transatlantique. Son aga-
cement face à l'insuffisance de cet instrument
horaire enrichit d'ailleurs le monde de l'horlogerie d'une nouvelle fonction : l'indication des
longitudes en degrés d'angle et en minutes d'arc.

Junghans
Pilot Automatic, acier, automatique, calibre ETA 2824-2, lunette
tournante unidirectionnelle avec graduation sur 60 minutes, 2006

Laco
Chronographe Aviateur
Automatique, acier,
automatique, calibre
ETA 7750, 2006

Laco
Montre Aviateur Automatique
Série 1, acier, automatique,
calibre ETA 2824-2, 2006

A. Lange & Söhne
Montre d'aviateur, argent, remontage
manuel, calibre Lange 45, montre
utilisée par l'armée de l'air allemande,
1943

A. Lange & Söhne
B-Uhr, argent, remontage manuel, calibre Lange avec marche optimisée,
montre à graduation en degré pour l'armée de l'air allemande, seuls neuf
exemplaires de ce modèle furent fabriqués, 1939

Lémania
Chronographe d'aviateur, acier,
remontage manuel, montre utilisée
par l'armée de l'air allemande, 1938

155

Lémania
Chronographe d'aviateur monopoussoir, acier, remontage manuel, calibre Lémania 2220, montre utilisée par l'armée de l'air suédoise, 1960

Lémania
Montre d'aviateur, acier, remontage manuel, montre utilisée par l'armée de l'air allemande, 1935

Lémania
Chronographe d'aviateur monopoussoir, acier, remontage manuel, calibre Lémania 2220, montre utilisée par la Royal Air Force britannique, 1965

Lémania
Chronographe d'aviateur monopoussoir, acier, remontage manuel, calibre Lémania 2225, montre utilisée par la Royal Air Force britannique, 1950

Longines
Weems, acier, remontage manuel, calibre Longines 12.68N, lunette tournante avec graduation sur 60 minutes, montre de navigation de la Royal Air Force britannique, 1938

Charles Lindbergh prit contact avec le président de l'Association internationale du transport aérien, John Heinmüller, également directeur de Longines-Wittnauer Watch Co. aux États-Unis, et la « montre à angle horaire » fit son apparition.

En 1931 fut présenté le garde-temps inspiré des idées et croquis de Lindbergh. Cette montre possédait un système de synchronisation de la seconde sur un signal horaire radiodiffusé, synchronisation effectuée à l'aide du cadran tournant par une couronne. La lunette tournante était gravée de 15 chiffres arabes représentant les degrés (avec entre chaque degré les chiffres 15, 30 et 45 pour les minutes d'arc) ; en effet, en une heure, la Terre tourne précisément de 15 degrés (360 degrés en 24 heures = 15 degrés en une heure). Le cadran principal portait en plus des 12 graduations classiques pour les heures, 12 graduations supplémentaires en degrés pour les angles de 15 à 180 degrés (pour exprimer la rotation de la Terre en une demi-journée). Le disque intérieur du cadran était mobile et affichait aussi 6 graduations, de 10 à 60, ainsi que 15 graduations en degrés, de 1 à 15.

Longines
Montre d'aviateur, acier, remontage manuel, calibre Longines 15.94, montre utilisée par l'armée de l'air allemande, 1936

Longines
Montre à angle horaire Lindbergh, or jaune, automatique, calibre Longines L614.2 (base ETA 2892-A2), lunette tournante bidirectionnelle pour calculer les longitudes, réplique de la montre historique de Lindbergh, 1999

Longines
Chronographe d'aviateur, acier, remontage manuel, calibre Longines 330, lunette tournante avec graduation sur 12 heures, 1968

Longines
Montre d'aviateur, acier, remontage manuel, calibre Longines 14.68N, montre utilisée par la Royal Air Force britannique, 1951

Marcello C.
Chronographe d'aviateur, acier, automatique, calibre ETA 7750, 1999

Longines
Montre à angle horaire Lindbergh, acier, remontage manuel, calibre Longines 18.69N, lunette tournante bidirectionnelle pour calculer les longitudes, 1937

157

Minerva
Chronographe d'aviateur, acier,
remontage manuel, montre utilisée
par l'armée de l'air allemande,
avec échelle de tachymètre, 1940

Marcello C.
Aviateur automatique, acier, automatique,
calibre ETA 2824-2, 1999

Minerva
Palladio S Aviation, acier, automatique,
calibre ETA 7750, 1999

Minerva
Pythagore Aviation, acier, automatique,
calibre Minerva 48, 1999

Minerva
Chronographe d'aviateur, acier,
remontage manuel, chronographe
monopoussoir, 1930

Nivada
Aviator Sea Diver, acier, remontage manuel, calibre Landeron 248, lunette tournante, 1969

Mühle Glashütte
Marinflieger-Chronograph III, acier, automatique, calibre ETA 7750, lunette tournante bidirectionnelle avec graduation sur 60 minutes, 1999

Mühle Glashütte
Marinflieger-Chronograph M2, acier, automatique, calibre ETA 2824-2, certifié chronomètre (COSC), 1999

Mühle Glashütte
Lufthansa Tachymètre, acier, automatique, calibre ETA 7750, lunette intérieure tournante bidirectionnelle avec graduation sur 60 minutes, 2006

Mühle Glashütte
Big Sports M12, acier, automatique, calibre ETA 2824-2, 2006

Nivrel
Automatique Day Date, acier, automatique, calibre ETA 2836-2, 1999

159

N.B. Yaeger
Tango, acier, automatique, calibre
ETA 2893-2, affichage 24 heures
supplémentaire (deuxième fuseau
horaire), 2006

N.B. Yaeger
Delta, acier, automatique, calibre
ETA 2824-2, 2006

N.B. Yaeger
Charlie, acier, automatique, calibre
ETA 7750, chronographe, 2006

Omega
Montre d'aviateur Air Ministry,
acier, remontage manuel, calibre
Omega 23.4SC, lunette tournante
avec dispositif de blocage
selon le principe Weems, montre
de navigation de la Royal Air
Force britannique, 1940

Omega
Speedmaster Professional, acier,
remontage manuel, calibre Omega
321, chronographe, 1963

Omega
Montre d'aviateur, acier, remontage
manuel, calibre Omega 283, protection
contre les champs magnétiques
par boîtier interne en fer doux, montre
utilisée par la Royal Air Force
britannique, 1953

Cette multitude d'échelles et de données obligea
le fabriquant à doter sa montre d'un cadran de
grande taille de façon à ce que l'on puisse facilement s'y retrouver face à la profusion d'informations. La montre Lindbergh avait ainsi un diamètre de 47,5 millimètres. En effectuant un réglage
correct avec le signal horaire, en prenant en compte les données de l'Almanach nautique et en uti-

lisant le degré de latitude indiqué par le sextant,
elle permettait de lire le degré de longitude de
la position. Ce qui pour Lindbergh et ses contem-
porains était d'une grande utilité, n'appartient
plus aujourd'hui qu'à l'histoire puisque nous
disposons de radars, de systèmes GPS et de radio.
De nos jours, les pilotes souhaitent que leurs montres aient une tout autre fonctionnalité.

Perrelet

Air Zermatt II, acier, automatique, calibre ETA 2892-A2, anneau intérieur tournant avec graduation sur 60 minutes actionné par une couronne supplémentaire à 2 heures, 1999

Oris

Flight Timer, acier, automatique, calibre ETA avec deuxième fuseau horaire (à 3 heures), anneau intérieur tournant actionné par une couronne supplémentaire à 2 heures (troisième fuseau horaire), 2006

Omega

Flightmaster, acier, remontage manuel, calibre Omega 911, chronographe, affichage d'un deuxième fuseau horaire, anneau intérieur tournant (réhaut) avec graduation sur 60 minutes, 1963

Omega

Speedmaster Moonwatch Replica, acier, remontage manuel, calibre Omega 1861 (base Lémania 1873), chronographe, 1999

Poljot

JAK-7, acier, remontage manuel, calibre Poljot 3133, chronographe, 2006

161

Record
Montre d'aviateur, acier, remontage
manuel, calibre 022K, montre utilisée
par les forces armées britanniques,
1948

Revue Thommen
Airspeed Chronograph II, acier, automatique, calibre ETA 7750,
lunette tournante avec graduation sur 60 minutes, 1999

Revue Thommen
Airspeed Automatic, acier, automatique,
calibre ETA 2836-2, 1999

Revue Thommen
Airspeed Fly-Back, acier, automatique,
calibre LIP 8151 (base ETA 7750),
chronographe avec fonction flyback,
2006

Revue Thommen
Airspeed Altimètre, titane, remontage
manuel, calibre ETA 7001, altimètre
mécanique, 1999

Les pilotes d'aujourd'hui veulent souvent des chronographes

L'une des caractéristiques préférées des pilotes est aujourd'hui la fonction stop des chronographes mesurant des laps de temps allant jusqu'à 12 heures. L' Indicator de Porsche Design représente une exception dans le domaine des montres modernes d'aviateur. Il est le seul chronographe à affichage numérique des heures et des minutes chronométrées, le tout en mode mécanique.

Les adeptes immodérés des montres d'aviateur optent volontiers pour les chronographes à rattrapante possédant deux trotteuses de chronographe. L'une d'entre elles sert à lire un temps intermédiaire ou de référence tandis que la seconde continue à avancer. Si l'on décide de ne plus utiliser ce temps de référence, il suffit d'enfoncer le poussoir et la deuxième aiguille rejoint immédiatement la première.

Otto Schlund
Korona Sport Flieger, acier, automatique, calibre ETA 2824-2, 2006

Sinn
Le Chronographe d'aviateur, acier, automatique, calibre Lémania 7750, chronographe, 2006

Sinn
Le Chronographe d'aviateur, acier, automatique, calibre Lémania 5100, stop seconde et compteur de minutes au centre, affichage 24 heures, 1999

Sinn
Le Chronographe d'aviateur, acier, automatique, calibre Lémania 5100, stop seconde et compteur de minutes au centre, affichage 24 heures, 1999

Sinn
Le Chronographe de l'espace, acier, automatique, calibre Lémania 5100, stop seconde et compteur de minutes au centre, affichage 24 heures, 1999

Sinn
La Montre d'aviateur avec protection contre les champs magnétiques, acier, automatique, calibre ETA 2824-2, protection contre les champs magnétiques par boîtier interne en fer doux, 2006

Sinn

La montre d'aviateur avec lunette tournante permanente, acier, automatique, calibre ETA 2824-2, protection contre les champs magnétiques par boîtier interne en fer doux, 2006

TAG Heuer

Autavia, acier, automatique, calibre TAG Heuer 11 (base Dubois-Dépraz 2022), 2006

Stowa

Aviateur, acier, automatique, calibre ETA 2824, bracelet en cuir extra long, 2006

Tissot
T-Touch Tech, acier, mouvement à quartz, calibre
ETA E40.305, module électronique multifonctions
avec altimètre, chronographe, etc., actionné
par des capteurs tactiles dans le verre, 2006

Tudor
Oyster Prince Ranger, acier,
automatique, 1975

Tutima
Fliegerchronograph 1941, acier, remontage manuel,
calibre ETA 7760, lunette tournante bidirectionnelle
avec repère, 1999

Tutima
Military Fliegerchronograph T, titane, automatique, calibre
Lémania 5100, stop seconde et compteur de minutes
au centre, affichage 24 heures, 1999

Tutima
Pacific, acier, automatique, calibre ETA 2836-2,
lunette tournante bidirectionnelle avec graduation
sur 60 minutes, 1999

Tutima
Fliegerchronograph F2, acier,
automatique, calibre ETA 7750,
lunette tournante bidirectionnelle
avec repère, 1999

Tutima
Automatic FX, acier, automatique,
calibre ETA 2836-2, anneau tournant
avec graduation sur 60 minutes, 2006

Ulysse Nardin
Chronographe d'aviateur A.R.A.
Navigacion, argent, remontage
manuel, chronographe à poussoir
dans la couronne, 1925

Tutima
Fliegerchronograph Classic, acier,
remontage manuel, calibre
ETA 7760, anneau tournant
avec repère, 2006

Tutima
Military Fliegerchronograph TL, acier,
automatique, calibre Lémania 5100, stop
seconde et compteur de minute au centre,
affichage 24 heures, anneau tournant
avec graduation sur 60 minutes, 2006

Elle la rattrape, d'où le nom de « rattrapante »
(voir aussi le chapitre « Chronographes »). Certains pilotes apprécient particulièrement la fonction flyback. Ce « retour en vol » permet de remettre à zéro le chronographe et de le relancer immédiatement sans actionner le poussoir démarrage/arrêt. On peut ainsi amorcer une nouvelle mesure en poussant simplement un bouton. La Léman Fly-Back Split-Seconds de Blancpain est le seul chronographe qui allie les fonctions rattrapante, flyback et mouvement automatique.

Les montres pouvant afficher simultanément au moins deux fuseaux horaires (comme l'heure de la patrie de l'utilisateur et l'heure locale ou l'heure du lieu de départ et celle de l'arrivée) sont spécialement conçues pour ceux voyageant beaucoup en avion, en particulier ceux qui se déplacent entre plusieurs fuseaux horaires.

Union
Chronographe d'aviateur,
acier, calibre Automatik
Union 26-32, 2006

Union
Aviateur Petite Seconde, acier,
calibre Automatik Union 26-05, 2006

Universal Genève
Chronographe d'aviateur à rattrapante,
acier, remontage manuel, cadran
24 heures, 1940

167

Zenith
Chronographe d'aviateur, acier,
automatique, calibre Zenith 146 DP,
lunette tournante avec graduation
sur 60 minutes, 1970

Victorinox
AirBoss Mach 4 XL de Luxe, acier, remontage manuel, calibre
Eta 6498-2, anneau intérieur tournant avec graduation
sur 60 minutes, 2006

Zenith
Chronographe d'aviateur, acier,
automatique, calibre Zenith 3019PHC,
lunette tournante avec graduation
sur 60 minutes, ce modèle fut fabriqué
à environ 2 700 exemplaires, 1972

Ces montres sont présentées dans le chapitre
Montres GMT et montres indiquant le temps universel dans lequel les fonctions techniques de cette famille d'instruments horaires sont exposées.

Alors qu'aux débuts de l'aviation la montre-bracelet était un instrument de bord indispensable,
elle a aujourd'hui une fonction bien différente.
Sergio de Witt, pilote d'un avion de fret de la Lufthansa, déclare avec philosophie : « Plus notre environnement se numérise et plus les systèmes de
haute technologie se développent, plus notre quê-
te d'objets tangibles et matériels grandit. La montre mécanique en est le parfait symbole, elle représente un contraste fort appréciable face à notre
environnement de travail tout électronique. C'est
ce qui fait tout son attrait à mes yeux. ».

Zenith
Rainbow Chronograph Fly-Back, acier, automatique
calibre Zenith 400 El Primero, 1999

Les instruments qui servent de modèles aux montres
d'aviateur modernes ont été élaborés pendant
la Seconde Guerre mondiale et furent conçus
pour une maniabilité optimale. Ci-contre à droite,
deux modèles de montres historiques IWC
des années 1940.

4. MONTRES DE PLONGÉE

La plongée n'est réellement devenue un sport
populaire qu'il y a environ 25 ans. Pourtant,
il existe de montres des plongée depuis
plus de 70 ans. On pourrait d'ailleurs écrire
des ouvrages entiers sur l'évolution
des montres, chronographes et montres
réveils de plongée. Nous avons ici choisi
de consacrer un chapitre particulier à ce sujet
pour évoquer les faits marquants de l'histoire
des montres de plongée.

Bertolucci

Vir Maris Montre de plongée
pour homme, acier, automatique,
calibre ETA 2892-A2, certifié
chronomètre (COSC), étanche jusqu'à
300 mètres, lunette de plongée
tournante unidirectionnelle, 1999

Blancpain

Fifty Fathoms, montre et chronographe
de plongée, acier, automatique, calibre
Blancpain, étanche jusqu'à 300 mètres,
lunette de plongée tournante unidirectionnelle,
années 1950

Blancpain

Fifty Fathoms, acier, automatique,
calibre Blancpain 1151, deux barillets,
étanche jusqu'à 300 mètres, lunette
de plongée tournante unidirectionnelle,
2006

L'année 1927 peut être considérée comme
la naissance des montres-bracelets étanches. Cette année-là, la jeune sportive
Mercedes Gleitze traversa la Manche entre Calais
et Douvres à la nage en portant une Rolex à son
poignet. Le principe de construction de la boîte
de cette montre avait été breveté et se démarquait notamment par son fond qui était doté
d'un pas de vis pour être vissé sur la boîte, ainsi
que par la présence d'une couronne vissée. Elle
devait être aussi épaisse qu'une coquille d'huître
(oyster en anglais), raison pour laquelle elle fut
baptisée Oyster. Durant cette traversée, elle dé-
montra pour la première fois ses qualités au public et fit même la une du Daily Mail le 24 novembre 1927 : « Rolex Oyster, la montre miracle
qui défie les éléments ». Ce n'était pas vraiment
le fruit du hasard puisque Hans Wilsdorf, propriétaire de la marque Rolex, avait acheté pour
40 000 francs suisses la première page du célèbre
journal tiré à des millions d'exemplaires.

Blancpain

Air Command Concept,
acier/caoutchouc, autom
calibre Blancpain F185,
chronographe, étanche ju
200 mètres, lunette de p
tournante unidirectionnel

Certina

DS-3 Super PH 1000 m, acier,
automatique, calibre 919-1, lunette
de plongée tournante unidirectionnelle,
étanche jusqu'à 1 000 mètres, 1975

Breitling

Chrono Superocean, acier, automatique, calibre Breitling 13
(base ETA 7750), chronographe, certifié chronomètre (COSC),
étanche jusqu'à 500 mètres, lunette de plongée tournante
unidirectionnelle, 2006

Bvlgari

Scuba Chrono, acier, automatique, calibre GP 2282,
chronographe, certifié chronomètre (COSC), étanche
jusqu'à 200 mètres, lunette de plongée tournante
unidirectionnelle, 1999

Certina

DS-2, acier, automatique, calibre
25-651, lunette de plongée tournante
unidirectionnelle, étanche jusqu'à
100 mètres, 1968

La marque devint ainsi célèbre du jour au lendemain et est, depuis, restée synonyme de montres sportives robustes. La Rolex ne devint une montre de plongée que bien plus tard. La boîte de l'Oyster fut systématiquement améliorée et servit de base à la première Submariner, mise sur le marché pour la première fois en 1953, et qui était étanche jusqu'à 100 mètres. À peine un an plus tard, son étanchéité fut garantie jusqu'à 200 mètres. Les deux chercheurs suisses, Auguste et Jacques Piccard, prirent une part non négligeable à cette évolution en emportant des montres Rolex lors de leurs expéditions et en donnant de nombreux conseils utiles aux ingénieurs du fabricant d'horlogerie. En 1960, Jacques Piccard offrit à Rolex une fantastique publicité en plongeant dans la fosse des Mariannes avec une Oyster. La montre n'était toutefois pas attachée à son poignet, il s'agissait en effet d'une construction spéciale appelée Deep Sea Special Oyster qui était fixée à la paroi extérieure du bathyscaphe Trieste.

Cette montre au boîtier imposant et au verre hémisphérique supporta une pression de plus d'une tonne par cm² à une profondeur de 10 916 mètres tout en restant parfaitement étanche. Le mouvement mécanique fabriqué en série assura sans problème son service.

Quoiqu'il en soit, des mouvements d'horlogerie Rolex furent immergés bien avant l'apparition des montres de plongée de la marque. En 1936, l'entreprise italienne Guido Panerai & Figlio, qui devint ensuite Officine Panerai, dessina le premier prototype de montre de plongée pour la Marine italienne qui avait testé auparavant diverses montres suisses mais n'en était pas satisfaite. Ainsi, les Florentins, spécialisés dans la mécanique de précision, qui construisaient également des bathymètres mécaniques, des compas et des systèmes d'allumage de torpilles pour la Marine, purent également participer à l'évolution des montres de plongée.

173

Chopard

L.U.C. Pro one, acier, automatique, calibre L.U.C. 4/96, certifié chronomètre (COSC), étanche jusqu'à 300 mètres, lunette de plongée tournante unidirectionnelle, 2006

Panerai monta un calibre Rolex dans la boîte d'un bathymètre modifié et le livra la même année à l'Amirauté qui en commanda immédiatement dix exemplaires. Grâce à la livraison de ces montres, la marque devint en 1938 le fournisseur officiel de la Marine italienne.

Le cadran de ces montres était très particulier et se démarquait par une visibilité maximale même dans l'obscurité complète. Il était composé de deux plaques superposées : celle du dessus, un disque noir, était perforée pour former de gros chiffres et les index des heures, celle du dessous était entièrement recouverte d'une substance lumineuse composée d'un mélange spécial comprenant du sulfate de zinc et du bromure de radium qui conférait au cadran et aux aiguilles une très forte luminosité.

Cette substance donna à la montre le surnom de Radiomir et exposait ceux qui la portaient à un rayonnement radioactif, comme si la vie de ces soldats n'était déjà pas assez en danger...

Ebel

Sportwave Diver, acier, automatique, calibre Ebel 120 (base ETA 2892-A2), étanche jusqu'à 200 mètres, lunette de plongée tournante unidirectionnelle, 2006

Ebel

Discovery, acier, automatique, calibre Ebel 080 (base Lémania 8815), étanche jusqu'à 200 mètres, lunette de plongée tournante unidirectionnelle, 1999

Doxa

Sub 750 T Professional, acier, automatique, calibre ETA 2824-2, étanche jusqu'à 750 mètres, lunette de plongée tournante unidirectionnelle avec table de décompression, 2006

Doxa

Sub 600 T-Graph, acier, automatique, calibre ETA 2894-2, chronographe, étanche jusqu'à 600 mètres, lunette de plongée tournante unidirectionnelle avec table de décompression, 2006

174

Il s'agissait d'une unité spéciale de nageurs de combat au sein de la Marine italienne. Deux hommes-grenouilles se déplaçaient sur une torpille dirigeable, une sorte de moto sous-marine, pour s'infiltrer dans les ports alliés et y détruire les navires avec des charges explosives. Les plongeurs équipés de la montre Radiomir avaient aussi cette allure sensationnelle lorsqu'ils coulèrent trois navires majeurs de la Marine britannique dans le port d'Alexandrie en 1941. Les horlogers florentins dessinèrent aussi en 1943 un chronographe conçu pour les officiers de la Marine. Cette montre fut appelée Mare Nostrum, du nom que les Romains donnaient à la Méditerranée. Cependant, à cause de la Deuxième Guerre mondiale, le projet ne dépassa pas le stade de prototype.

Au début des années 1950, Panerai livra à l'armée la Luminor, qui remplaça plus tard la Radiomir. La forme du boîtier de même que l'apparence du cadran restèrent identiques. Le radium, émettant des rayonnements gamma, fut toutefois remplacé par du tritium, moins dangereux.

Eterna
Porsche Design, montre de plongée en titane, automatique, calibre Eterna-Matic 633 (base ETA 2824-2), étanche jusqu'à 300 mètres, lunette de plongée tournante unidirectionnelle, 1999

Enicar
Super Dive Sherpa, acier, automatique, calibre AR 1145, lunette de plongée intérieure tournante unidirectionnelle, étanche jusqu'à 100 mètres, 1970

Eterna
KonTiki Diver, acier, automatique, calibre ETA 2892-A2, étanche jusqu'à 1 000 mètres, lunette de plongée intérieure tournante unidirectionnelle, 2006

Jacques Etoile
Atlantis, acier, automatique, calibre ETA 2824-2, étanche jusqu'à 500 mètres, mouvement protégé contre les champs magnétiques, lunette de plongée tournante unidirectionnelle, 2006

Fortis
Official Cosmonauts Sports Diver, acier, automatique, calibre ETA 2836-2, étanche jusqu'à 200 mètres, lunette de plongée tournante unidirectionnelle, 1999

Fortis
B-42 Diver Day Date, acier, automatique, calibre ETA 2836-2, étanche jusqu'à 200 mètres, lunette de plongée tournante unidirectionnelle, 2006

L'étanchéité fut également considérablement améliorée grâce en premier lieu au système très spécial de la couronne qui reste à ce jour l'une des caractéristiques typiques de la montre Panerai Luminor. Il s'agit d'une protection en forme de demi-lune au centre de laquelle est fixé un levier de serrage. Pour régler l'heure ou remonter la montre, il faut libérer le levier. Lorsqu'il est bloqué, il exerce une pression si forte sur la couronne qu'elle adhère parfaitement aux joints, l'eau ne peut donc absolument pas s'infiltrer ni la couronne bouger.

Les demandes des instances militaires déterminèrent constamment le développement des montres de plongée. Dans les années 1950, le ministère français de la Défense chargea le capitaine Robert Maloubier de former une unité de combat sous-marine qui fut appelée les « Nageurs de combat ». Pour répondre à cette demande, il fallait non seulement choisir les bonnes personnes, mais aussi le bon équipement.

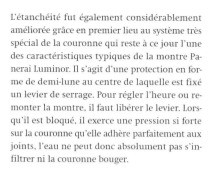

Hublot
Professional, acier/or jaune, automatique, calibre ETA 2892-2, étanche jusqu'à 300 mètres, 1999

Glashütte Original
Sport Evolution, acier, automatique, calibre Glashütte Original 10-30, étanche jusqu'à 200 mètres, 1999

Girard-Perregaux
Sea Hawk II Pro, titane, automatique, calibre GP 033R0 (base GP 3300), étanche jusqu'à 3 000 mètres, mouvement protégé contre les champs magnétiques, indication de la réserve de marche, boîtier avec deux valves à hélium, 2006

Glycine

Lagunare LCC 1000, acier, automatique, calibre ETA 2824-2, étanche jusqu'à 300 mètres, certifié chronomètre (COSC), lunette de plongée tournante unidirectionnelle, 2006

IWC

ATM Aquatimer, acier, automatique, calibre IWC 8541B, étanche jusqu'à 300 mètres, lunette de plongée intérieure tournante unidirectionnelle, 2006

IWC

Aquatimer Automatic 2000, titane, automatique, calibre IWC 30110 (base ETA 2892-2), étanche jusqu'à 2 000 mètres, lunette de plongée intérieure tournante unidirectionnelle, 2006

IWC

GST Aquatimer, titane, automatique, calibre IWC C.37524 (base ETA 2892-A2), étanche jusqu'à 2 000 mètres, lunette de plongée tournante unidirectionnelle, 2006

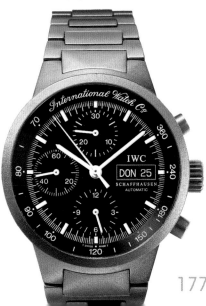

IWC

Aquatimer Split Minute Chronographe, titane, automatique, calibre IWC 79740 (base ETA 7750), étanche jusqu'à 120 mètres, chronographe à rattrapante des minutes, lunette de plongée intérieure tournante unidirectionnelle, 2006

IWC

Aquatimer Automatic, acier, automatique, calibre IWC 30110 (base ETA 2892-2), étanche jusqu'à 1 000 mètres, lunette de plongée intérieure tournante unidirectionnelle, 2006

177

Jaeger-LeCoultre
Memovox Polaris, acier, calibre automatique 425, lunette de plongée intérieure tournante unidirectionnelle, fonction réveil, étanche jusqu'à 300 mètres, 1966

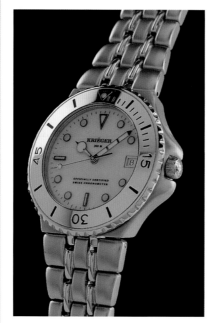

Par exemple, une montre de plongée très robuste qui fonctionnerait avec fiabilité à une profondeur de près de 100 mètres. Son projet de montres de plongée le mena finalement dans le Jura suisse et plus précisément à la manufacture d'horlogerie Blancpain qui développa un instrument horaire, qui, en rapport avec la profondeur exigée, fut appelé Fifty Fathoms (50 brasses).

Une brasse, mesure traditionnelle de la profondeur de l'eau dans la marine, fait 1 829 mètres. Le capitaine Maloubier requit ainsi une garantie d'étanchéité jusqu'à 91,45 m, soit 50 brasses, ainsi qu'une excellente visibilité, un anneau indiquant la durée sous l'eau et permettant de régler avec une précision de cinq minutes les temps de plongée et les paliers de décompression. En somme, un instrument fiable avec lequel il serait aussi possible de comptabiliser facilement le temps de réserve d'oxygène disponible.

Krieger
Hammerhead Pro Diver's Chronometer, acier, automatique, certifié chronomètre (COSC), étanche jusqu'à 300 mètres, 1999

Limes
Endurance 1000, acier, automatique, calibre ETA 2824, étanche jusqu'à 1 000 mètres, lunette de plongée intérieure tournante unidirectionnelle, 2006

Longines
Montre de plongée Automatic, acier, automatique, calibre 431, lunette de plongée intérieure tournante unidirectionnelle, 1965

Longines
Montre de plongée Automatic, acier, automatique, calibre 290, lunette de plongée intérieure tournante unidirectionnelle, 1965

178

Pour cette raison, il demanda que l'anneau tournant ne puisse pivoter que dans le sens inverse des aiguilles d'une montre. En effet, si l'on actionnait par inadvertance l'anneau, le temps de plongée déjà écoulé apparaissait plus long qu'il ne l'était réellement et la remontée était donc amorcée plus précocement.

Le cahier des charges comprenait aussi une bonne lisibilité que Blancpain réalisa grâce à des index et des aiguilles de grande taille, recouverts de tritium. La montre réussit le test pratique qui eut lieu le 20 novembre 1953. Le capitaine français ne gratifia l'horloger suisse, qui avait répondu à toutes ses demandes, que d'un modeste : « Bon ». La fiabilité, la qualité d'exécution, la précision de marche et la facilité d'utilisation de la Fifty Fathoms firent le tour du monde de sorte que l'unité d'élite américaine, les Navy SEALs, de même que la nouvelle unité de nageurs de la Bundeswehr allemande nouvellement créée, choisirent également la montre Blancpain.

Elle fut officiellement utilisée jusqu'en 1984. Vint ensuite l'Ocean, développée par IWC sur

une commande de la Bundeswehr. L'horloger remporta le marché public et reçut au printemps 1980 un cahier des charges de 30 pages. Il comprenait des exigences incluant la précision de marche, la résistance aux chocs, le comportement face aux variations de température, l'épaisseur ainsi que l'amagnétisme. Cette dernière caractéristique s'avéra être un véritable impératif comme le souligne l'ancien directeur technique d'IWC, Jürgen King : « Nous avions déjà de l'expérience avec les montres militaires, mais ni notre société, ni aucune autre d'ailleurs, n'avait encore fabriqué de montres amagnétiques. ». Cette demande particulière était motivée par la raison suivante : les détonateurs de certaines mines réagissaient non seulement à la pression et aux bruits, mais aussi aux champs magnétiques, même les plus faibles, comme ceux émis par les moteurs pas à pas des montres à quartz. En conséquence, la nouvelle montre ne devait ni produire de champs magnétiques ni en modifier. Les horlogers expérimentés allaient donc devoir consacrer du temps à la recherche fondamentale et utiliser des méthodes de travail non conventionnelles. Comme les bâtiments sont dans la

Marcello C.
Tridente Chronograph, acier, automatique, calibre ETA 7750, étanche jusqu'à 300 mètres, lunette de plongée tournante unidirectionnelle, 2006

Marcello C.
Nettuno 3, acier, automatique, calibre ETA 2824-2, étanche jusqu'à 300 mètres, lunette de plongée tournante unidirectionnelle, 2006

Marcello C.
Nettuno, acier, automatique, calibre ETA 2824-2, étanche jusqu'à 200 mètres, lunette de plongée tournante unidirectionnelle, 1999

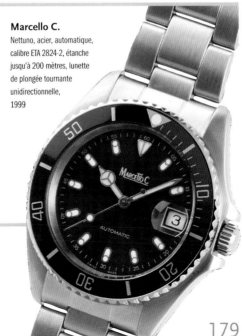

Marcello C.
Nettuno Chronograph, acier, automatique, calibre ETA 7750, étanche jusqu'à 300 mètres, lunette de plongée tournante unidirectionnelle, 2006

Mido
Ocean Star Sport Diver, acier,
automatique, calibre ETA 2836-2,
étanche jusqu'à 200 mètres, lunette
de plongée tournante unidirectionnelle,
2006

Nivada
Depthomatic, acier, automatique, calibre ETA 2472, étanche
jusqu'à 200 mètres, bathymètre mécanique intégré, lunette
de plongée tournante unidirectionnelle, 2006

Mühle Glashütte
Nautic-Timer, acier, automatique, calibre ETA 2824-2,
étanche jusqu'à 2 000 mètres, lunette de plongée
tournante unidirectionnelle, 2006

Mido
All Dial Diver, acier, automatique,
calibre ETA 2836-2, étanche jusqu'à
200 mètres, lunette de plongée
intérieure tournante unidirectionnelle,
2006

majorité des cas soumis à des champs magnétiques perturbateurs, King emporta les prototypes
avec tous les appareils de test dans son propre jar-
din et y effectua les mesures nécessaires.

IWC reçut le soutien de scientifiques de l'univer-
sité de Lausanne pour le développement et la recherche sur les matériaux. Étant donné que le
mouvement automatique devait fonctionner
comme tout autre mouvement automatique, seules des pièces certifiées furent remplacées par des
éléments amagnétiques : tel le spiral de balancier,
fabriqué dans un alliage spécial (niobium zircon).
Il est impossible d'obtenir officiellement plus d'informations car la montre de plongée anti-mine
amagnétique fait encore partie, comme la montre de plongée automatique classique et celle des
nageurs de combat à mouvement à quartz, de l'é-
quipement actuel de la Marine allemande, porte
un numéro de référence de l'OTAN et est donc
considérée comme secret défense. Jürgen King

nous a malgré tout livré l'un de ses secrets : « On
nous a demandé de construire une montre extrêmement robuste. Avant que nous y parvenions, il
y a eu beaucoup de casse. ». En recherchant un
boîtier et un verre très robustes, ils parvinrent à
obtenir une étanchéité jusqu'alors jamais atteinte. L'Ocean supporte une pression allant jusqu'à
200 bars, soit à une profondeur de 2 000 mètres.
C'est pourquoi la version civile de l'Ocean, comme sa jumelle militaire, dessinée par Ferdinand
Porsche, reçut l'appellation 2 000.

Alors que le règne de la Blancpain touchait progressivement à sa fin mais que l'IWC n'était pas
encore terminée, de nombreux nageurs de combat optèrent pour la première montre développée à l'origine pour les plongeurs sportifs : la
Doxa Sub 300. Sa caractéristique principale était
et est toujours son cadran orange. Urs Eschle, ancien chef développeur de la marque Doxa, tient
pour être le père de ce cadran particulier.

Omega

Seamaster Automatic 600 m Ploprof, monocoque en acier, automatique, calibre Omega, étanche jusqu'à 600 mètres, lunette de plongée tournante unidirectionnelle, conçue pour les plongeurs professionnels (d'où le nom de Ploprof pour « Plongeurs Professionnels »), 1972

Omega

Seamaster Planet Ocean Co-axial, acier, automatique, calibre Omega 2500C (base Omega 1120), étanche jusqu'à 600 mètres, lunette de plongée tournante unidirectionnelle, boîtier avec valve à hélium, 2006

Omega

Seamaster 300, acier, automatique, calibre Omega 565, étanche jusqu'à 300 mètres, lunette de plongée tournante unidirectionnelle, 1969

Omega

Seamaster Chrono Diver 300 m, acier, automatique, calibre Omega 3301, chronographe, certifié chronomètre (COSC), étanche jusqu'à 300 mètres, lunette de plongée tournante unidirectionnelle, boîtier avec valve à hélium, 2006

Omega

Seamaster Professional Diver, acier, automatique, calibre Omega 1120, certifié chronomètre (COSC), étanche jusqu'à 300 mètres, lunette de plongée tournante unidirectionnelle, boîtier avec valve à hélium, 1999

181

Oris
TT1 Meistertaucher, titane,
automatique, calibre Oris 649
(base ETA 2836-2), régulateur, étanche
jusqu'à 1 000 mètres, lunette
de plongée tournante unidirectionnelle,
boîtier avec valve à hélium, 2006

Oris
TT1 Divers Titan, titane, automatique,
calibre Oris 633 (base ETA 2824-2),
étanche jusqu'à 1 000 mètres, lunette
de plongée tournante unidirectionnelle,
boîtier avec valve à hélium, 2006

Il plongea lui-même avec quatre planches de couleurs (turquoise, jaune, rouge et orange) dans le lac de Neuchâtel et choisit par la suite celle qui était la plus lisible à de grandes profondeurs : l'orange, la couleur des années 1970. Les constructeurs équipèrent de plus cette montre d'un anneau de plongée qui comportait non seulement une graduation des minutes mais également une table de décompression.

La décompression est, parallèlement au temps total de plongée, l'indication de temps la plus importante pour le plongeur. C'est ainsi que le scientifique et plongeur de l'extrême Hannes Keller voyait les choses et qu'il dessina, en colla-

boration avec le « forgeur de montres » Vulcain, une nouvelle montre de plongée. La Cricket Nautical fut la première montre réveil de plongée comprenant un calculateur de palier de décompression intégré, dont l'alarme acoustique fonctionnait aussi sous l'eau, et qui devait indiquer au plongeur le moment d'amorcer sa remontée.

Keller avait de grands projets pour cette montre comme il l'écrivit dans une lettre adressée à la direction de Vulcain en date du 3 juillet 1961 : « Je me réjouis de pouvoir vous annoncer que j'ai réussi à enregistrer un nouveau record du monde de plongée à Brissago au cours de l'après-midi du 28 juin 1961. » Keller et son partenaire de

Oris
TT1 Divers Titan Chronograph, titane, automatique,
calibre Oris 674 (base ETA 7750), étanche jusqu'à
300 mètres, lunette de plongée tournante
unidirectionnelle, boîtier avec valve à hélium, 2006

Oris
TT1 Divers Titan Date, titane, automatique, calibre Oris 633
(base ETA 2824-2), cadran entièrement enduit de substance
luminescente, étanche jusqu'à 300 mètres, lunette de plongée
tournante unidirectionnelle, boîtier avec valve à hélium, 2006

Panerai

Luminor Egittica, acier, remontage manuel, mouvement Angelus 8 jours, montre des nageurs de combat de la Marine égyptienne, environ 50 exemplaires furent fabriqués, 1956

Panerai

Luminor Submersible 2500, titane, automatique, calibre Panerai OP III, certifié chronomètre (COSC), étanche jusqu'à 1 000 mètres, lunette de plongée tournante unidirectionnelle, 2006

Panerai

Radiomir Brevattato, acier, remontage manuel, montre des nageurs de combat de la Marine italienne, 1938

Trois modèles massifs de Panerai datant des débuts de l'histoire des montres de plongée

Paul Picot
Le Plongeur C-Type Date, acier,
automatique, calibre ETA 2824-2,
certifié chronomètre (COSC), étanche
jusqu'à 300 mètres, lunette de plongée
tournante unidirectionnelle, 2006

Poljot
Red October, acier, automatique,
calibre Vostok 2416.B, étanche jusqu'à
300 mètres, lunette de plongée
tournante, 2006

Paul Picot
Le Plongeur C-Type Chronographe,
acier, automatique, calibre ETA 7752,
certifié chronomètre (COSC), étanche
jusqu'à 300 mètres, lunette de plongée
tournante unidirectionnelle, 2006

plongée, le rédacteur scientifique de Life, Kenneth McLeish, avaient plongé à 222 mètres dans le Lac Majeur ; les deux hommes portaient une Cricket Nautical à leur poignet.

Dans sa lettre, Keller chantait les louanges de ces instruments horaires qui avaient été exposés à des « conditions extraordinaires » comme d'importantes variations de température et de pression : « Les deux montres ont parfaitement réussi le test. J'ai aussi testé le mécanisme d'alarme de l'une des deux montres. La sonorité était clairement audible bien que ma combinaison de plongée ait été complètement fermée... ». Keller

fut aussi pleinement satisfait de la lisibilité du cadran et de la table de décompression, et conclut ainsi : « Étant donné l'excellente performance de la montre de plongée Vulcain Cricket Nautical, je n'émets aucun doute quant à l'immense succès qu'elle rencontrera sur le marché et quant au fait qu'elle rendra à de nombreux plongeurs les mêmes services inestimables qu'elle nous a rendu lors de cette difficile épreuve. »

Ce ne devait pas être la dernière fois qu'un plongeur spécialiste des hautes profondeurs participerait au développement d'une montre de plongée. Le 6 juillet 1999, Mario Weidner enregistr un nouveau record dans l'océan glacial Arctique : le sportif originaire de Francfort-sur-le-Main en Allemagne atteignit -64,5 mètres dans de l'eau glacée à 81° de latitude. Il portait au-dessus de son épaisse combinaison une montre originaire de Francfort, le chronographe Sinn 203.

Il relata ultérieurement dans son rapport : « L'un des points particulièrement positifs de cette montre reste la bonne lisibilité, même sous l'eau, du cadran bleu avec son verre saphir légèrement bombé. » Les techniciens de la firme Sinn qui avaient accompagné le plongeur attestèrent de plus que l'huile spéciale utilisée pour la première fois dans la pratique avait tenu ses promesses : malgré un très grand froid, la marche du mouvement automatique ne s'écarta pas

des valeurs de consigne. Le boîtier ne laissa lui aussi pas pénétrer une seule goutte d'eau arctique. En conséquence, le modèle 203 reçut le surnom officiel de « Arktis ».

Cette montre extrêmement populaire a aussi un autre surnom, non officiel, quoique connu également des non plongeurs. L'Omega Seamaster Professional est connue de beaucoup comme la montre de James Bond car elle a dû surmonter bien des épreuves au poignet du célèbre 007. La Seamaster apparut la première fois dans un film de James Bond en 1995, dans *Goldeneye*. Sa boîte comportait alors deux gadgets particuliers : un laser tiré à partir de la valve à hélium et un détonateur pour armer à distance des mines, qui après son activation émet une lumière cligno-

Rado
Original Diver, acier, automatique, calibre ETA 2824-2, étanche jusqu'à 300 mètres, lunette de plongée intérieure tournante unidirectionnelle, 2006

Rolex
Oyster Perpetual Submariner, acier, automatique, calibre Rolex 1520, étanche jusqu'à 200 mètres, lunette de plongée tournante unidirectionnelle, montre utilisée par les nageurs de combat des Royal Marines, 1969

Rolex
Oyster Perpetual Submariner, acier, automatique, calibre Rolex 1030, étanche jusqu'à 200 mètres, lunette de plongée tournante unidirectionnelle, 1959

Rolex
Oyster Perpetual Submariner, acier, automatique, calibre Rolex 1520, étanche jusqu'à 200 mètres, lunette de plongée tournante unidirectionnelle, 1964

tante à 12 heures sur le cadran. Dans le film, 007 utilise le laser pour ouvrir la plaque métallique du plancher d'un train piégé et s'échapper ainsi des griffes d'Alec Trevelyans (ex-agent 006, qui, dans le film, porte naturellement lui aussi une Seamaster, mais un « vieux modèle »). Le détonateur est utilisé plus tard pour faire exploser la bombe qui doit détruire la base du commando cubain abritant les satellites secrets commandés par Goldeneye.

Dans *Demain ne meurt jamais*, sorti en 1997, la Seamaster sert à nouveau de détonateur pour déclencher une grenade sur le bateau furtif du magnat de la presse, Elliot Carver, le méchant du film, afin que celui-ci apparaisse sur un radar. Dans la dernière production en date, Le monde ne suffit pas, la montre Omega remplit à nouveau deux tâches d'une importance capitale. Elle comporte d'abord un système d'éclairage surpuissant sortant du cadran et avec lequel 007 réussit à avoir une vision très nette de la situation alors qu'il est engoncé dans son blouson airbag qui le protège lors de sa chute vertigineuse dans un ravin. L'autre gadget contenu dans la montre est un micro-filin intégré dans le boîtier, avec lequel Bond et le Dr Christmas Jones réussissent à sortir d'un bunker. Le micro-filin jaillit de la couronne à la vitesse de l'éclair et fait tourner très rapidement la lunette rotative de la Seamaster. Dès que le crochet trouve un point d'ancrage, la lunette pivote lentement dans le sens opposé, rembobine le filin dans le boîtier et élève ainsi Bond et sa compagne dans les airs en toute sécurité.

Scalfaro
North Shore Chronograph TriCompax, acier, automatique, calibre ADK 150 (base ETA 7750), étanche jusqu'à 100 mètres, lunette de plongée tournante unidirectionnelle, 2006

Indentifiables au premier regard : trois chronomètres étanches Rolex

Rolex
Submariner Date, acier, automatique, calibre Rolex 3135, certifié chronomètre (COSC), étanche jusqu'à 1 220 mètres, lunette de plongée tournante unidirectionnelle, 1999

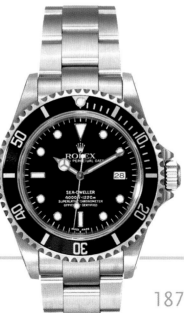

Rolex
Oyster Perpetual Sea Dweller 4000, acier, automatique, calibre Rolex 3135, certifié chronomètre (COSC), étanche jusqu'à 1 220 mètres, lunette de plongée tournante unidirectionnelle, valve à hélium dans le boîtier, 2006

Scalfaro
North Shore Deuxième fuseau horaire, acier, automatique, calibre ADK 148 (base ETA 2892-2), affichage 24 heures (deuxième fuseau horaire), étanche jusqu'à 300 mètres, lunette de plongée tournante unidirectionnelle, 2006

Sinn

Le Chronographe de plongée, acier, automatique, calibre ETA 7750, étanche jusqu'à 300 mètres, boîtier entièrement rempli d'argon, lunette de plongée tournante unidirectionnelle, poussoir vissé, 1999

Sinn

EZM 1, titane, automatique, calibre Lémania 5100, étanche jusqu'à 300 mètres, chronographe, lunette de plongée tournante unidirectionnelle, 1999

Chronologie de l'histoire des montres de plongée

1927 Rolex présente le premier boîtier étanche, l'Oyster. Pour prouver son efficacité et en faire la publicité, Rolex en fournit une à la nageuse Mercedes Gleitze qui traverse la Manche à la nage.

1932 Omega fabrique sa première montre de plongée étanche, la Marine.

1936 Officine présente le premier prototype de sa montre, tandis qu'un mouvement Rolex est monté dans la boîte d'un bathymètre Panerai.

1953 Blancpain lance la Fifty Fathoms, étanche jusqu'à presque 100 mètres (50 brasses = 91,45 mètres). Elle est fabriquée initialement pour la Marine française. En 1959, les nageurs de combat de la Bundeswehr reçoivent aussi cette montre. La même année, le zodiac Sea Wolf fait son apparition et est exclusivement destiné aux plongeurs armés (US Seals). Enfin, l'année 1953 voit aussi naître la montre de plongée la plus célèbre au monde : la Submariner de Rolex.

1954 La Rolex Submariner est certifiée étanche jusqu'à 200 mètres.

1956 La Blancpain Fifty Fathoms devient célèbre dans le cercle des plongeurs sportifs grâce à son apparition dans le film de Jacques Cousteau, Le monde du silence. La Tudor Sub avec mouvement Rolex est proposée en deux versions, pour des profondeurs de 100 et 200 mètres.

1957 L'Omega Seamaster est lancée (étanchéité jusqu'à 200 mètres).

1958 La Breitling Superocean, étanche jusqu'à 200 mètres, est proposée sur le marché.

1960 Pour prouver sa compétence, Rolex fabrique une pièce unique avec un verre particulièrement épais qui, fixée sur la paroi extérieure du bathyscaphe de Jacques Piccard, plonge à 10 916 mètres sans être endommagée.

1961 Hannes Keller, plongeur suisse expert des grandes profondeurs, plonge avec la montre ré-

Sinn

Le Chronographe de plongée Arktis, acier, automatique, calibre ETA 7750, étanche jusqu'à 300 mètres, boîtier complètement rempli d'argon, lubrification avec une huile spéciale pour des températures allant de - 45 à + 80 °C, lunette de plongée tournante unidirectionnelle, 2006

Stowa

Seatime, acier, automatique, calibre ETA 2824, étanche jusqu'à 300 mètres, lunette de plongée tournante unidirectionnelle, 2006

TAG Heuer
Aquaracer Automatic Chronograph,
acier, automatique, calibre TAG Heuer
16 (base ETA 7750), étanche jusqu'à
300 mètres, lunette de plongée
tournante unidirectionnelle, 2006

Sinn
EZM 2, acier, mouvement à quartz,
calibre ETA 955.612, étanche à
toutes les profondeurs atteignables,
boîtier entièrement rempli d'huile,
lunette de plongée tournante
unidirectionnelle, 2006

Sinn
Montre de plongée U1, acier sous-marin, automatique,
calibre ETA 2824-2, étanche jusqu'à 1 000 mètres,
lunette de plongée tournante unidirectionnelle, 2006

Sinn
Montre de plongée U2/EZM 5, acier sous-marin, automatique, calibre ETA
2893-2, affichage 24 heures (deuxième fuseau horaire), étanche jusqu'à
2 000 mètres, lunette de plongée tournante unidirectionnelle, 2006

TAG Heuer
Aquagraph Automatic Chronograph,
acier, automatique, calibre TAG Heuer
60 (base Dubois-Dépraz 2073), étanche
jusqu'à 500 mètres, poussoir fonctionnel
jusqu'à 500 mètres, stop seconde et
minute au centre, lunette de plongée
tournante unidirectionnelle, 2006

189

Tissot
Visodate Seamaster T12, acier,
automatique, calibre 784-2, lunette
de plongée intérieure tournante
unidirectionnelle, 1975

Tissot
Seastar 1000 Automatic, acier, automatique, calibre
ETA 2824-2, étanche jusqu'à 300 mètres, lunette
de plongée tournante unidirectionnelle, 2006

Une entrée très remarquée : la montre de plongée
Harry Winston. Le joaillier et fabricant de montres-bijoux
s'y connaît également en matière de design résolument
masculin.

TAG Heuer
Kirium Chronomètre, acier, automatique, calibre ETA 2892-A2,
certifié chronomètre (COSC), étanche jusqu'à 200 mètres,
lunette de plongée tournante unidirectionnelle, 1999

veil de plongée Vulcain Cricket Nautical et enregistre un record du monde à 220 mètres.

1963 L'Aquastar Bentos 500 est lancée et accompagne les plongeurs de l'équipe de Jacques-Yves
Cousteau lors des expériences Précontinent.

1964 Les premières montres étanches jusqu'à
1 000 mètres apparaissent : l'Aquastar/Lémania
Benthos retravaillée et la Caribbean 1 000.

1965 La marque Doxa est la première à s'inté-
resser aux plongeurs sportifs et présente à l'ex-
position d'horlogerie de Bâle, la Doxa Sub 300,
première montre à être dotée d'un cadran orange très lisible. Jaeger-LeCoultre présente la montre réveil Polaris équipée d'un anneau de plongée intérieur. Seiko révèle la première montre
japonaise (étanche jusqu'à 150 mètres).

1966 Henry Favre présente sur le marché la Fa-
vre-Leuba Bathy 50, première montre avec bathymètre Boyle-Marriot. Aux États-Unis, elle s'appelle Bathy 160 (indiquant la profondeur 160 pieds).

1967 La lunette comprenant des indications sur
les paliers de décompression montée sur la Doxa
Sub et développée en collaboration avec les US
Divers est brevetée. Aux États-Unis, la Doxa est
désormais aussi utilisée par l'armée. Rolex fabrique une Submariner avec une valve à hélium
pour une utilisation professionnelle (Comex).
Seiko améliore l'étanchéité de sa montre et l'appelle dorénavant Professional 300. IWC lance sa
première montre : l'Aquatimer.

1969 Doxa propose sur le marché le 200T-Graph,
premier chronographe équipé d'un mécanisme
de chronométrage utilisable sous l'eau.

1970 La nouvelle Omega Seamaster 600 accompagne trois plongeurs de la Comex lors
de plongées en saturation pendant 8 jours
à 250 mètres au large de la Corse. Claude
Wesley, pionnier de la plongée, teste des
prototypes Doxa et Rolex avec valve à hélium en mer rouge. La même année, Doxa
présente sur le marché la Doxa Sub 600
Conquistador avec valve à hélium, le modèle
est prêt pour la fabrication en série.

Tissot
PR 100 Divermatic, acier, automatique,
calibre ETA 2836-2, étanche jusqu'à
150 mètres, lunette de plongée
tournante unidirectionnelle, 1999

Tudor
Oyster Prince
Submariner, acier,
automatique,
étanche jusqu'à
200 mètres, lunette
de plongée tournante
unidirectionnelle,
1965

Pour fabriquer une montre-bracelet de grande
qualité utilisable dans des conditions de plongée
professionnelles, il est nécessaire de mettre
en œuvre des connaissances techniques
de haut niveau.

Tudor
Prince Date Hydronaut, acier, automatique, calibre
ETA 2824-2, étanche jusqu'à 200 mètres, lunette
de plongée tournante unidirectionnelle, 2006

1971 Omega fabrique la Seamaster 1000. La Rolex Seadweller avec valve à hélium (étanche jusqu'à 610 mètres) fait son apparition.

1972 Omega présente ses premiers chronographes fonctionnant aussi sous l'eau (étanche jusqu'à 120 mètres).

1973 La Doxa Sub 250 fait son apparition, pour la première fois avec une couronne à 4 heures.

1975 Seiko double la profondeur de plongée de sa montre pour atteindre 600 mètres et utilise pour la première fois du titane pour fabriquer le boîtier. Le bracelet en caoutchouc avec ses trois soufflets d'expansion caractéristiques représente également une nouveauté.

1980 IWC reçoit une commande de la Bundeswehr pour le développement et la fabrication d'une montre de plongée. La marque Nautilus présente des montres de plongée fonctionnelles et bon marché : la Professional, pour une profondeur de plongée jusqu'à 500 mètres et un prix d'environ 255 euros, et la Superpro pour une profondeur jusqu'à 1 000 mètres et environ 510 euros.

1983 Sinn lance sa première montre de plongée, elle est étanche jusqu'à 1 000 mètres.

1984 La commande passée par la Bundeswehr en 1980 aboutit à la fabrication de l'IWC Ocean 2000, la première montre de plongée au monde étanche jusqu'à 2 000 mètres. Elle est fabriquée en version militaire (pour la Marine) et en version civile. Parallèlement, une version amagnétique fait son apparition pour les plongeurs démineurs, elle est étanche jusqu'à 300 mètres.

1985 La Citizen Aqualand est la première montre de plongée analogique avec bathymètre électronique numérique. Seiko propose également une montre de plongée avec bathymètre électronique, sa taille dépasse très largement celle de la Citizen.

1986 TAG Heuer lance le modèle Super Professional pour une profondeur de plongée allant jusqu'à 1 000 mètres.

Tutima
DI 300, titane, automatique,
calibre ETA 2836-2, étanche jusqu'à
300 mètres, lunette de plongée
tournante unidirectionnelle, 2006

Ulysse Nardin
Maxi Marine Diver Chronometer, acier,
automatique, calibre Ulysse Nardin
UN 26 (base ETA 2892), certifié
chronomètre (COSC), étanche jusqu'à
300 mètres, 2006

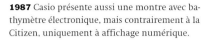

Universal Genève

Golden Tech Diver, acier/or, automatique, calibre Universal Genève 71, lunette de plongée tournante unidirectionnelle, étanche jusqu'à 100 mètres, 1999

Luis Vuitton

Tambour Diving Automatique XL, or rose, automatique, calibre ETA 2895-2, étanche jusqu'à 300 mètres, lunette de plongée intérieure tournante unidirectionnelle, 2006

1987 Casio présente aussi une montre avec bathymètre électronique, mais contrairement à la Citizen, uniquement à affichage numérique.

1988 La Citizen Aqualand est encore améliorée grâce à l'ajout d'un deuxième affichage et d'un capteur plus compact.

1989 La Rolex Submariner est dotée d'une lunette de plongée tournant uniquement dans le sens contraire des aiguilles d'une montre. La Citizen Aqualand est désormais disponible avec affichage analogique du bathymètre. Elle commence ainsi à devenir la montre préférée des plongeurs sportifs.

1993 Omega construit un chronographe de plongée allant jusqu'à 300 mètres. L'apnéiste Roland Specker, enregistre avec cette montre un record du monde de profondeur avec 80 mètres dans le lac de Neuchâtel. La même année, Omega lance la Seamaster Professional avec valve à hélium qui reste toujours d'actualité aujourd'hui. Avec son apparition dans un film de l'agent 007, la Seamaster devient la montre de James Bond.

1995 Breitling fabrique la Colt Superocean pour une profondeur allant jusqu'à 1 500 mètres.

1996 Avec The Deepest, Kienzle bat le record du monde de profondeur de la marque Rolex. C'est une montre simple en plastique remplie d'huile pour assurer sa stabilisation. Elle est certifiée étanche jusqu'à 12 000 mètres. Sector présente la Diving Team 1000 pour des profondeurs de plongée allant jusqu'à 1 000 mètres.

1997 Le fabricant finlandais Suunto présente la Spyder, le premier ordinateur de plongée possédant le format d'une montre-bracelet, qui remporte un vif succès auprès des plongeurs sportifs.

1998 IWC présente la GST Aquatimer pour des profondeurs de plongée jusqu'à 2 000 mètres.

1999 IWC lance la Deep One, la première montre de plongée à rattrapante et équipée d'un bathymètre mécanique. Elle affiche les profondeurs jusqu'à 45 mètres et est étanche jusqu'à 150 mètres.

Vulcain

Cricket Nautical, acier, remontage manuel, calibre MSR S 2, étanche jusqu'à 300 mètres, centre du cadran tournant avec une couronne dans les deux sens et temps de décompression et de plongée, réveil, 1969

2000 Ulysse Nardin présente la première montre de plongée mécanique à calendrier perpétuel.

2002 Breitling lance l'Avenger Seawolf pour des profondeurs de plongée jusqu'à 3 000 mètres. La marque possède le dernier record du monde en date pour les montres mécaniques.

2003 TAG Heuer lance le modèle 2000 Aquagraph, le premier chronographe de plongée, dont la fonction stop reste utilisable jusqu'à des profondeurs de 500 mètres. Baume & Mercier (Capeland S XXL 1000) et Oris (TT1 Meistertaucher) présentent des montres étanches jusqu'à 1 000 mètres, les nouveaux modèles de Bvlgari (Diagono Professional Scuba Diving 2000) et Mühle (SAR Rescue Timer) sont certifiés jusqu'à 2 000 mètres. Doxa réédite la Sub 600 pour remplacer la nouvelle édition limitée de la Sub 300 rapidement épuisée.

2004 IWC propose le chronographe Aquatimer Split Minute. C'est la première montre avec rattrapante des minutes utilisable aussi en plongée.

2006 Eterna lance la KonTiki Diver, une montre de plongée avec une construction de boîte très particulière. Elle ne peut être déréglée que si elle est déverrouillée.

Harry Winston
Ocean, platine, automatique, calibre
GP 3106, lunette de plongée tournante
unidirectionnelle, étanche jusqu'à
100 mètres, 1999

Vulcain
Nautical, acier, remontage manuel, calibre
Vulcain V-10, étanche jusqu'à 300 mètres,
centre du cadran tournant dans les deux
sens avec une couronne avec temps
de décompression en plongée, réveil, 2006

Zenith
Rainbow Elite Montre de plongée,
acier, automatique, calibre Zenith Elite,
lunette de plongée tournante
unidirectionnelle, étanche jusqu'à
200 mètres, 1999

195

5. MONTRES GMT ET À HEURE UNIVERSELLE

Les pays étrangers n'ont pas tous les mêmes mœurs que nous. Ils ne vivent pas non plus forcément à la même heure. C'est pourquoi les businessmen, jet-setters ou globe-trotters aiment porter des montres qui leur donnent l'heure du lieu où ils se rendent, tout en leur permettant de conserver celle de leur lieu de résidence habituel.

Alpina
Avalanche GMT, acier, mouvement
à quartz, affichage 24 heures
(deuxième fuseau horaire), 2006

Baume & Mercier
Classima Executives GMT XL, acier,
automatique, calibre BM 11893-2
(base ETA 2893-2), affichage 24 heures
(deuxième fuseau horaire), 2006

La Terre est une sphère, ou presque. Comme elle est en rotation autour du Soleil, ce dernier n'en éclaire qu'une moitié à la fois. Si cette affirmation nous semble aujourd'hui galvaudée, on ne lui prêta que peu d'attention jusqu'au milieu du XIXe siècle, bien que cet état de fait détermine pourtant les différentes heures en vigueur sur la planète.

En Allemagne, chacune des nombreuses principautés possédait à l'époque son heure propre, ce qui, au temps des diligences, était peut-être encore tolérable, mais entraîna un véritable chaos après l'introduction des chemins de fer transrégionaux dont la rapidité était considérablement plus élevée. Imaginez-vous seulement un horaire de train dans lequel plus de 30 heures locales différentes devaient être prises en considération.

Ce qui, dans un pays relativement petit comme l'Allemagne, posait déjà de grandes difficultés, était particulièrement problématique dans des États plus étendus d'est en ouest comme la Russie ou les États-Unis.

Audemars Piquet
Millenary Dual Time, or jaune, automatique, calibre AP 2129,
affichage 12 heures supplémentaire (deuxième fuseau horaire),
indication de la réserve de marche, 1999

Blancpain
GMT, acier, automatique, calibre Blancpain 5A50, affichage
24 heures (deuxième fuseau horaire), lunette tournante
avec graduation sur 24 heures (troisième fuseau horaire), 1999

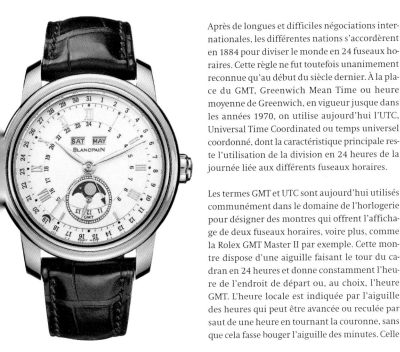

Après de longues et difficiles négociations internationales, les différentes nations s'accordèrent en 1884 pour diviser le monde en 24 fuseaux horaires. Cette règle ne fut toutefois unanimement reconnue qu'au début du siècle dernier. À la place du GMT, Greenwich Mean Time ou heure moyenne de Greenwich, en vigueur jusque dans les années 1970, on utilise aujourd'hui l'UTC, Universal Time Coordinated ou temps universel coordonné, dont la caractéristique principale reste l'utilisation de la division en 24 heures de la journée liée aux différents fuseaux horaires.

Les termes GMT et UTC sont aujourd'hui utilisés communément dans le domaine de l'horlogerie pour désigner des montres qui offrent l'affichage de deux fuseaux horaires, voire plus, comme la Rolex GMT Master II par exemple. Cette montre dispose d'une aiguille faisant le tour du cadran en 24 heures et donne constamment l'heure de l'endroit de départ ou, au choix, l'heure GMT. L'heure locale est indiquée par l'aiguille des heures qui peut être avancée ou reculée par saut de une heure en tournant la couronne, sans que cela fasse bouger l'aiguille des minutes. Celle

Blancpain
Léman Réveil GMT, or rouge, automatique, calibre Blancpain 1241, affichage 24 heures (deuxième fuseau horaire), 2006

Blancpain
GMT Phases de lune « Le Brassus », or rouge, automatique, calibre Blancpain 67A6, affichage 24 heures (deuxième fuseau horaire), 2006

Rainer Brand
Panama Dual Time, acier, automatique, calibre ETA 2892-2, affichage 12 heures supplémentaire (deuxième fuseau horaire), 1999

Rainer Brand
Panama Dual Time, acier, automatique, calibre ETA 2892-2, affichage 12 heures supplémentaire (deuxième fuseau horaire), 2006

Breguet
Marine GMT, or jaune, automatique, calibre Breguet 563, indication du temps universel, 1999

199

Carl F. Bucherer
Patravi Travel Tec GMT, acier,
automatique, calibre CFB 1901,
affichage 24 heures et lunette
tournante sous verre avec graduations
(deuxième et troisième fuseaux
horaires), chronographe, 2006

Carl F. Bucherer
Patravi Chronographe GMT, acier,
automatique, calibre CFB 1901,
affichage 24 heures et lunette tournante
avec graduation sur 24 heures
(deuxième et troisième fuseaux
horaires), chronographe, 2006

Breitling
B-1, acier, mouvement à quartz,
calibre Breitling 78, affichage
24 heures (deuxième fuseau horaire)
chronographe, fonction réveil,
certifié chronomètre (COSC), 2006

Breitling
Colt GMT, acier, automatique, calibre
Breitling 32 (base ETA 2893-2), affichage
24 heures (deuxième fuseau horaire),
certifié chronomètre (COSC), 2006

des secondes continue d'avancer imperturbablement de sorte que les amateurs d'horlogerie ne perdent pas une seule seconde de leur temps. La Spitfire UTC d'IWC fonctionne de façon similaire, mais l'affichage 24 heures se lit dans un guichet en demi-cercle situé sur le cadran.

Seul inconvénient des montres GMT : il faut connaître le décalage horaire entre le lieu d'où l'on vient et le lieu où l'on est. On ne peut réellement faire le tour du monde qu'avec une montre indiquant le temps universel. Elle se caractérise par un anneau réglable portant le nom des

Bulova
Édition, acier, automatique, calibre
ETA 2892, affichage 24 heures
(deuxième fuseau horaire), indication
de la réserve de marche, 1999

Bvlgari
Diagono Professional GMT Flyback, acier, automatique,
calibre Dubois-Dépraz 21340, affichage 24 heures
(deuxième fuseau horaire), chronographe avec fonction
flyback, certifié chronomètre (COSC), 2006

Bvlgari
Bvlgari GMT, acier, automatique,
calibre MVA 060, affichage 24 heures
(deuxième fuseau horaire), 1999

201

Chopard

L.U.C. GMT, or blanc, automatique,
calibre L.U.C. 4/96/1-H1, affichage
24 heures (deuxième fuseau horaire),
certifié chronomètre (COSC), 2006

Corum

Classical GMT, acier, automatique, calibre
Corum CO 983 (base ETA 2892-A2 avec module)
affichage 24 heures (deuxième fuseau horaire),
lunette tournante avec le nom de la ville
de référence dans chaque fuseau horaire,
certifié chronomètre (COSC), 2006

Chronoswiss

Tora, or jaune, automatique,
calibre Chronoswiss C.123, affichage
24 heures (deuxième fuseau horaire),
1999

Cuervo y Sobrinos

Prominente D.T, acier, automatique,
calibre ETA 2671, affichage 12 heures
supplémentaire (deuxième fuseau
horaire), 2006

villes de référence de chacun des 24 fuseaux horaires du globe ainsi que dans la plupart des cas par un affichage 24 heures circulaire.

Ce qui semble simple au premier abord ne va pas sans complication d'un point de vue technique dès qu'il s'agit de régler la date et l'heure. C'est par exemple le cas lorsque l'on doit, lors d'un vol au dessus de la ligne de changement de date dans l'océan Pacifique modifier l'affichage de la date, régler l'anneau des villes et changer l'affichage 24 heures. Des ingénieurs et des horlogers ingénieux ont alors inventé toutes sortes de mécanismes et de leviers de commutation actionnés par un poussoir sur la boîte, une deuxième couronne ou un réhaut tournant.

Temps universel

Depuis un peu plus de deux ans, une nouvelle marque de montres, Vogard, a fait son apparition sur le marché et se consacre (jusqu'à maintenant) exclusivement à la fabrication de montres à heure universelle. Le mécanisme fabriqué par Vogard,

Davosa
Vireo Dual Time, acier, automatique, calibre ETA 2893, affichage 24 heures (deuxième fuseau horaire), 2006

De Grisogono
Instrumento Doppio Tre, acier, automatique, calibre ETA 2892-A2 avec module et minuterie à l'arrière, affichage 12 heures supplémentaire (deuxième fuseau horaire) sur l'arrière de la boîte, 2006

DeWitt
Académia Double Fuseau, or rouge, automatique, calibre DeWitt DW 2001 (base ETA 2892-A2), affichage 24 heures (deuxième fuseau horaire), 2006

Jaquet Droz
Les Deux Fuseaux, or blanc, automatique, calibre Jaquet Droz 5L60, affichage 24 heures (deuxième fuseau horaire), 2006

Dubey & Schaldenbrand
Diplomatic Classic, acier, automatique,
calibre ETA 2892-A2, affichage
24 heures (deuxième fuseau horaire),
1999

breveté depuis, permet de régler le fuseau horaire souhaité en actionnant simplement un réhaut qui tournent comme ceux des montres de plongée et des chronographes. Le mécanisme a été conçu de façon à créer une unité de fonction entre la boîte, le mouvement d'horlogerie et la lunette.

L'une des caractéristiques extérieures frappantes du mécanisme de Thomas Prescher, dont la fonction est aussi primordiale, est le levier en forme de croissant, qui se déplace dans une charnière vissée située sur le bord inférieur droit du boîtier. En position de repos, le levier rentre dans un orifice circulaire à l'intérieur du boîtier. Lorsque l'on débraie le levier, une sorte de manette mue par un puissant ressort sort d'environ 1,8 mm du boîtier. Elle libère ainsi la lunette tournante qui était jusqu'alors bloquée par un taquet situé sur le flanc de la manette.

Chez Vogard, l'anneau tournant (celui des villes) est disponible avec différentes destinations comme les villes importantes dans les différents fuseaux horaires, les codes des aéroports ou même les terrains de golf. Des modèles uniques avec une sélection personnelle de lieux sont aussi réalisés sur demande. On peut ainsi faire fabriquer une lunette affichant les noms de différents endroits

Dubey & Schaldenbrand
Aerodyn Duo, acier, automatique, calibre ETA 2893, affichage
24 heures (deuxième fuseau horaire), 2006

Dubey & Schaldenbrand
Diplomatic GMT, acier, automatique,
calibre ETA 2892-A2, affichage
24 heures (deuxième fuseau
horaire), 1999

Roger Dubuis
Golden Square Dual Time, or rose,
automatique, calibre RD 5747, affichage
12 heures supplémentaire (deuxième
fuseau horaire), 2006

Enicar
Sherpa Jet Automatic, acier,
automatique, calibre AR 116, affichage
24 heures avec lunette tournante sous
verre (deuxième fuseau horaire), 1975

Ebel
Sportwave Meridian, acier, automatique, calibre Ebel 122
(base ETA 2892-A2), affichage 24 heures (deuxième fuseau
horaire), 1999

Ebel
Sportwave GMT, acier, automatique, calibre Ebel 123
(base ETA 2893-2), affichage 24 heures (deuxième
fuseau horaire), 2006

Ebel
Voyager, acier, automatique, calibre Ebel 124
(base ETA 2892-A2), indication du temps universel, 1999

Louis Erard
Réserve de marche/deuxième fuseau
horaire, acier, automatique, calibre
ER 61, affichage 24 heures (deuxième
fuseau horaire), 1999

visités, des villes de résidence d'amis ou simplement faire graver Berlin au lieu de Paris pour « l'heure de l'Europe centrale ».

Des montres d'aviateur pas comme les autres

Étant donné que les montres indiquant le temps universel sont par nature des instruments parfaitement adaptés aux pilotes ainsi qu'à tous les professionnels voyageant énormément et parcourant le globe inlassablement, elles font partie chez l'horloger saxon Nautische Instrumente Mühle Glashütte de la collection Lufthansa. Les montres de cette collection se distinguent par leur couronne supplémentaire intégrée dans la soudure inférieure de la boîte en acier inoxydable. Elle sert à régler la lunette intérieure tournante sur laquelle sont gravés les noms des villes de référence de chaque fuseau horaire. L'anneau tournant avec graduation sur 24 heures utilisé sur la plupart des montres à heure universelle a,

Eterna
KonTiki GMT, acier, automatique, calibre ETA 2893-2, affichage 24 heures (deuxième fuseau horaire), 2006

Fortis
Official Cosmonauts Sport Pilot GMT, acier, automatique, calibre ETA 2893-2, affichage 24 heures (deuxième fuseau horaire), 1999

Formex
Diver GMT, acier/titane, automatique, calibre ETA 2892-A2, affichage 24 heures (deuxième fuseau horaire), étanche jusqu'à 300 mètres, 2006

Fortis
Pilot Professional GMT, acier, automatique, calibre ETA 2893-2, affichage 24 heures (deuxième fuseau horaire), 1999

Fortis
B-42 Official Cosmonauts GMT, acier, automatique, calibre
ETA 2893-2, affichage 24 heures (deuxième fuseau horaire), 2006

Fortis
B-42 Chrono-GMT, acier, automatique, calibre ETA 7750, affichage
24 heures (deuxième fuseau horaire), chronographe,
certifié chronomètre (COSC), 2006

Fortis
Flieger GMT, acier, automatique, calibre
ETA 2893-2, affichage 24 heures
(deuxième fuseau horaire), 2006

Carte mondiale des fuseaux horaires

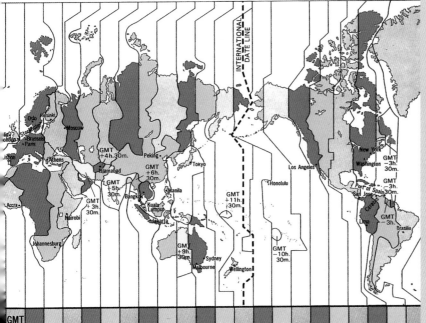

Gérald Genta
Night & Day, or jaune, automatique,
calibre GG 1961 (base ETA 2892-A2),
deuxième aiguille des heures
avec indication jour/nuit (deuxième
fuseau horaire), 1999

207

Glycine
Airman 7, acier, automatique,
3 calibres ETA indépendants,
l'un d'entre eux avec affichage
24 heures supplémentaire (quatre
fuseaux horaires), 2006

Girard-Perregaux
GMT, or blanc, automatique, calibre GP, deuxième aiguille des heures
réglable séparément (deuxième fuseau horaire)

Girard-Perregaux
ww.tc Chronographe, or blanc, automatique, calibre GP 3387,
affichage 24 heures avec lunette sous verre (temps universel),
chronographe, 2006

Girard-Perregaux
Vintage King Size Chrono GMT, or rose, automatique, calibre GP 033CO,
affichage 24 heures (deuxième fuseau horaire), chronographe, 2006

Glycine
Airman 9, acier, automatique,
calibre ETA 7754, affichage 24 heures
(deuxième fuseau horaire),
chronographe, 2006

Michel Herbelin
Newport J-Class GMT, acier, automatique, calibre ETA 2892 avec module, affichage 24 heures (deuxième fuseau horaire), indication de la réserve de marche, 2006

chez Mühle, cédé la place à une aiguille flèche luminescente laquée orange. Elle parcourt à une vitesse correspondant à la moitié de celle de l'aiguille des heures une échelle de chiffres imprimés sur le cadran noir entre l'anneau des villes et l'index des minutes.

De Boston à Paris ? Appuyez six fois sur le bouton s'il vous plaît !

Patek Philippe renoua en l'an 2000 avec la fabrication de montres à heure universelle en présentant un modèle de montre de toute nouvelle conception. Bien que la marque ait eu une longue tradition dans ce secteur, elle ne s'y était plus

Heuer
Autavia GMT, acier, automatique, calibre 12, affichage 24 heures (deuxième fuseau horaire), 1975

IWC
Montre d'aviateur UTC, acier, automatique, calibre IWC C.37526, affichage 24 heures numérique (deuxième fuseau horaire), 1999

Ikepod
Seaslug, acier, automatique, calibre ETA 2893-2, affichage 24 heures (deuxième fuseau horaire), 1999

209

Jaeger-LeCoultre
Reverso Géographique, acier,
automatique, calibre JLC 858, anneau
des villes sous verre tournant (temps
universel) sur l'arrière du boîtier,
indication jour/nuit, 1999

Jaeger-LeCoultre
Reverso Grande GMT, acier, automatique, calibre JLC 878,
deuxième indication de l'heure plus affichage jour/nuit sur l'arrière
du boîtier (deuxième fuseau horaire), chronographe, 2006

Jaeger-LeCoultre
Reverso Duoface, acier, automatique, calibre JLC 929/3, deuxième
affichage 12 heures sur l'arrière du boîtier (deuxième fuseau
horaire), 1999

Jaeger-LeCoultre
Reverso Grande Automatique, acier,
automatique, calibre JLC 970,
deuxième aiguille des heures réglable
avec indication jour/nuit (deuxième
fuseau horaire), 2006

Jaeger-LeCoultre
Master Geographic, or rouge, automatique, calibre JLC 929/3,
anneau des villes sous verre tournant (temps universel), 1999

Jaeger-LeCoultre
Master Geographic, acier, automatique, calibre JLC 929/3,
anneau des villes sous verre tournant (temps universel), 1999

210

consacrée depuis déjà plusieurs décennies. C'est d'ailleurs l'une des raisons pour lesquelles les montres Patek Philippe de ce type se vendent aujourd'hui pour des sommes astronomiques lors des ventes aux enchères.

La nouvelle montre à temps universel Patek Philippe indique simultanément l'heure des 24 fuseaux horaires du globe et se démarque par sa grande facilité d'utilisation : deux anneaux concentriques tournent autour du cadran central sur lequel l'heure locale est indiquée par les aiguilles des minutes et des heures.

Jaeger-LeCoultre
Master Compressor Geographic, acier, automatique, calibre JLC 923, anneau des villes sous verre tournant avec indication am/pm (temps universel), 2006

Jaeger-LeCoultre
Master Hometime, acier, automatique, calibre JLC 975, deuxième aiguille des heures réglable avec indication jour/nuit (deuxième fuseau horaire), 2006

Jaeger-LeCoultre
Master Extreme World Chronograph, titane, automatique, calibre JLC 923, anneau des villes sous verre tournant avec indication am/pm (temps universel), chronographe, système d'amortisseur breveté, 2006

Jaeger-LeCoultre
Master Compressor Dualmatic, acier, automatique, calibre JLC 972, deuxième aiguille des heures réglable avec affichage 24 heures (deuxième fuseau horaire), 2006

Kelek

Chronographe avec deuxième fuseau
horaire, acier, automatique, calibre
Kelek 7752, deuxième aiguille
des heures réglable séparément
(deuxième fuseau horaire), 1999

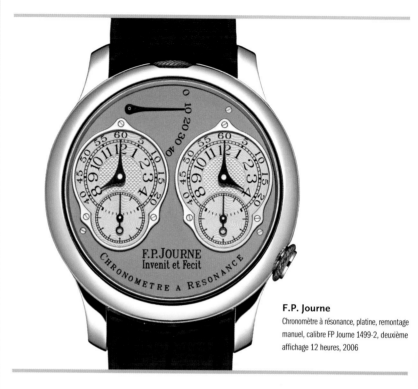

F.P. Journe

Chronomètre à résonance, platine, remontage
manuel, calibre FP Journe 1499-2, deuxième
affichage 12 heures, 2006

Kurth

Chrono Heure Mondiale Jubilé n° 2,
acier, automatique, calibre ETA 7750,
anneau des villes sous verre tournant
(temps universel), chronographe, 2006

L'anneau intérieur porte une graduation avec indication des phases diurne et nocturne sur 24 heures, tandis que sur l'anneau extérieur sont gravés les 24 lieux qui symbolisent les différents
fuseaux horaires. Grâce à ces disques, on peut lire à tout moment l'heure qu'il est dans chacun
des 24 fuseaux horaires. Les chiffres de 1 à 24 se
situent alternativement en dessous de chaque
lieu représentant les différents fuseaux horaires.
Le lieu et l'heure avec l'indication jour/nuit que
l'on peut lire au dessus de l'index en forme de
flèche situé à 12 heures, correspondent ainsi à
l'heure locale indiquée par les aiguilles.

Le réglage de la montre est simple : l'utilisateur
se trouve par exemple à Paris, il est huit heures
du matin et il souhaite régler sa montre. Il actionne le poussoir situé à 10 heures sur le côté gauche
du boitier plusieurs fois jusqu'à ce que le nom

« Paris » apparaisse à 12 heures. Il règle ensuite
l'aiguille sur huit heures avec la couronne de remontoir comme sur n'importe quelle autre montre. En faisant cela, l'anneau comportant la graduation sur 24 heures tourne lui aussi. L'utilisateur
doit donc veiller qu'en dessous du nom de la ville
de Paris se trouve le chiffre 8 (et non pas 20).
Lorsque ce réglage est effectué, la couronne utilisée pour les modifications n'est plus utilisée.

Deux jours, deux nuits

L'horloger A. Lange & Söhne a sans cesse prouvé
au cours des dernières années qu'il n'était pas
forcément nécessaire de créer quelque chose de
fondamentalement novateur pour fabriquer un
objet spécial. Il le démontre de façon intéressan-
te avec des créations impressionnantes qui mon-

Maurice Lacroix

Masterpiece Double Rétrograde, or rose, remontage manuel, calibre ML 100 (base ETA 6498), deuxième affichage des heures numérique (deuxième fuseau horaire), 1999

Maurice Lacroix

2ᵉ Temps, acier/or jaune, automatique, calibre ML 29 (base ETA 2836-2), affichage 24 heures (deuxième fuseau horaire), affichage rétrograde de la date, 2006

Longines

Master Collection GMT, acier, automatique, calibre Longines L635 (base ETA 2824-2), affichage 24 heures (deuxième fuseau horaire), 2006

Minerva

Palladio Dual Time, acier, automatique, calibre Minerva 24 DT, affichage 24 heures, chronographe, 1999

A. Lange & Söhne

Lange 1 Fuseau horaire, or rouge, remontage manuel, calibre Lange L031.1, anneau des villes tournant avec indication jour/nuit (temps universel), 2006

Movado
Polygraph, acier, remontage manuel, affichage 24 heures (deuxième fuseau horaire), 1960

Montblanc
Meisterstück Dual Time, acier/or, automatique, calibre ETA 2824-A2, affichage 24 heures (deuxième fuseau horaire), 1999

Montblanc
Time Walker GMT, acier, automatique, calibre Montblanc 4810/405 (base ETA 2893-2), affichage 24 heures (deuxième fuseau horaire), 2006

Franck Muller
Cintrée Curvex Temps universel, or jaune, automatique, calibre FM 2800, affichage 24 heures (deuxième fuseau horaire), 1999

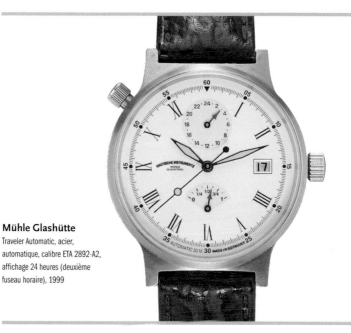

Mühle Glashütte
Traveler Automatic, acier, automatique, calibre ETA 2892-A2, affichage 24 heures (deuxième fuseau horaire), 1999

214

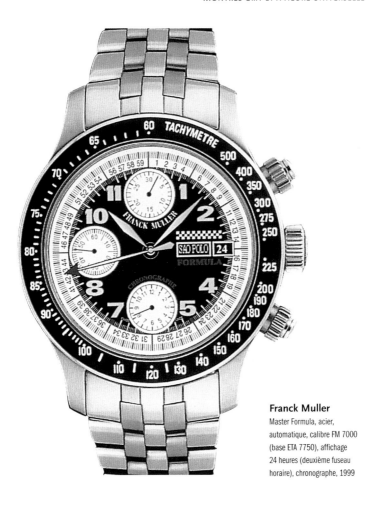

Franck Muller
Master Banker, acier, automatique,
calibre FM 2800, deuxième affichage
12 heures (deuxième fuseau horaire),
1999

Franck Muller
Master Formula, acier,
automatique, calibre FM 7000
(base ETA 7750), affichage
24 heures (deuxième fuseau
horaire), chronographe, 1999

Omega
Seamaster GMT, acier, automatique,
calibre Omega 1128 (base ETA 2892-
A2), affichage 24 heures (deuxième
fuseau horaire), certifié chronomètre
(COSC), 1999

trent comment l'on peut parvenir à transformer des fonctions horlogères communes, tel l'affichage de la date, en bijoux techniques.

Une montre indiquant le temps universel est bien entendu plus compliquée, puisque l'on attend d'elle qu'elle indique l'heure de plusieurs fuseaux horaires, et de préférence de tous. La Lange 1 Fuseau horaire répond à cette exigence de manière classique en arborant l'« anneau des villes » autour de son cadran principal, caractéristique typique des montres à heure universelle.

Deux couples d'aiguilles peuvent être réglées indépendamment l'un de l'autre sur des cadrans séparés. Selon le principe à la base de la Lange 1, ils sont décentrés l'un par rapport à l'autre.

L'affichage du deuxième fuseau horaire se fait sur un cadran auxiliaire sur lequel sont gravés des chiffres arabes et il est situé à l'ancienne position de la petite seconde sur la Lange 1. Le grand cadran auxiliaire donne l'heure du lieu de départ en chiffres romains dorés.

Oris
Worldtimer, acier, automatique, calibre Oris 690 (base ETA 2836-2), deuxième affichage 12 heures (deuxième fuseau horaire), indication des phases de lune, 1999

Oris
Atelier Complication, acier, automatique, calibre Oris 4810/581 (base ETA 2688/2671), affichage 24 heures (deuxième fuseau horaire), indication des phases de lune, 2006

Oris
Big Crown Complication, acier, automatique, calibre Oris 581 (base ETA 2688/2671), affichage 24 heures (deuxième fuseau horaire), indication des phases de lune, 2006

Parmigiani
Toric Répétition Minutes GMT, or rose, remontage manuel, calibre Parmigiani 251, affichage 24 heures (deuxième fuseau horaire), répétition à quarts et à minutes, 2006

Fuseau horaire et heure

La Terre est divisée en 24 fuseaux horaires comptés à partir du méridien zéro en se dirigeant vers l'est. Cette direction s'effectue d'ouest en est dans le sens de la rotation de la Terre. Notre planète, vue du pôle Nord, tourne sur son axe dans le sens contraire des aiguilles d'une montre, mais elle tourne dans le sens des aiguilles d'une montre si l'on se place au pôle Sud. Une montre indiquant le temps universel peut se régler sur chaque fuseau horaire. Elle ne peut pas indiquer un fuseau horaire défini comme un lieu géographique et n'étant en conséquence pas un concept temporel. La montre indique donc l'heure du fuseau horaire de chaque région de la Terre pour lesquelles elle a été réglée. Le concept utilisé pour décrire une montre GMT, une montre-bracelet avec « deuxième fuseau horaire », s'il est compréhensible, n'est pas correct. On devrait plutôt parler de « deuxième, troisième heure de fuseau horaire » en référence à ce qu'une montre GMT ou à temps universel est réellement apte à indiquer.

216

Patek Philippe
Heure mondiale, or rose, automatique, calibre
Patek Philippe 240 HU, deux disques de cadran allant
en sens contraire avec affichage 24 heures (temps
universel) et villes du monde, 2006

Patek Philippe
Calatrava Travel Time, or jaune,
remontage manuel, calibre Patek
Philippe 215 PS FUS 24H, deuxième
aiguille des heures réglable
séparément et affichage 24 heures
(deuxième fuseau horaire), 1999

Patek Philippe
Travel Time, or jaune, remontage
manuel, calibre Patek Philippe
215/156, deuxième aiguille des heures
réglable séparément et affichage
24 heures (deuxième fuseau horaire),
2006

Paul Picot
Gentleman Chrono GMT, acier, automatique, calibre
PP 8104 (base ETA 7750), affichage 24 heures
(deuxième fuseau horaire), 2006

Rolex
GMT Master, acier, automatique,
calibre Rolex 1030, aiguille
des 24 heures (deuxième fuseau
horaire), lunette réglable
avec graduation sur 24 heures,
certifié chronomètre (COSC), 1956

Chaque anneau de chiffres est accompagné d'un
élément indispensable aux montres à fuseaux horaires, l'indication jour/nuit, dont les minuscules
aiguilles flèches avancent toujours synchrones.

Deux poussoirs de correction situés sur le côté
gauche du boîtier servent à corriger la grande
date et les diverses fonctions de la montre à temps
universel. L'utilisateur règle de façon habituelle
l'anneau des villes sur « 8 » à l'aide du poussoir
au début du voyage. Ainsi, l'anneau comportant
les noms des 24 lieux symbolisant chaque fuseau
horaire, avance d'un fuseau horaire – d'un point
de vue géographique – vers l'est. Simultanément,
l'aiguille des heures du cadran auxiliaire avec
les chiffres arabes avance elle aussi lors de cette
manœuvre, de même que l'aiguille jour/nuit.

Auguste Reymond
Cotton Club Global Time, acier, automatique,
calibre ETA 2893-2, affichage 24 heures (deuxième
fuseau horaire), 1999

Rolex
GMT Master, acier, automatique,
calibre Rolex 3175 (base Rolex 3135),
aiguille des 24 heures (deuxième
fuseau horaire), lunette réglable
avec graduation sur 24 heures, certifié
chronomètre (COSC), 1999

Rolex
Explorer, acier, automatique, calibre Rolex 3185
(base Rolex 3135), aiguille des 24 heures (deuxième
fuseau horaire), certifié chronomètre (COSC), 1999

Rolex
GMT Master II, or jaune, automatique,
calibre Rolex 3185 (base Rolex 3135),
aiguille des 24 heures (deuxième
fuseau horaire), lunette réglable avec
graduation sur 24 heures, certifié
chronomètre (COSC), 2006

Daniel Roth
GMT, acier, automatique, calibre
GP 3100 modifié, deuxième affichage
des heures numérique (deuxième
fuseau horaire), 1999

Schwarz Etienne
Chronographe GMT, acier, automatique, calibre LIP 8104
(base ETA 7750), affichage 24 heures (deuxième fuseau horaire),
chronographe, 2006

Schwarz Etienne
Carrée, automatique, calibre LIP 8154 (base ETA 7750), affichage
24 heures (deuxième fuseau horaire), chronographe, 2006

Sinn

Le Chronographe Multifonctions,
acier, automatique, calibre ETA 7750
modifié, affichage 24 heures
(deuxième fuseau horaire),
chronographe, 2006

Sinn

Frankfurter « Heure universelle », acier,
automatique, calibre ETA 2893-2
modifié, affichage 24 heures
(deuxième fuseau horaire), lunette
sous verre tournante avec graduation
sur 12 heures (troisième fuseau
horaire), 2006

Sinn

La Montre d'aviateur avec protection
anti-magnétique et deuxième fuseau
horaire, acier trempé, automatique,
calibre ETA 2893-2, affichage
24 heures (deuxième fuseau
horaire), 2006

Sinn

Le Chronographe « Heure
universelle », acier, automatique,
calibre ETA modifié 7750, affichage
24 heures (deuxième fuseau horaire),
chronographe, 1999

La création de l'UTC

On trouve dès l'Antiquité des représentations de
la Terre présentant une surface quadrillée par un
réseau de longitudes et de latitudes. Sur les croquis de cartes qu'il avait établis, Ptolémée avait
déjà localisé le méridien zéro dans la région des
Îles Canaries (depuis situées à environ 15° de longitude ouest). Par la suite, d'autres cartographes
placèrent la longitude zéro à Rome, Copenhague,
Paris ou encore Saint-Pétersbourg, avant qu'elle
ne soit finalement « transférée » à Londres. Comme la Terre tourne autour de son axe et que
chaque méridien dessine une ligne entre le pôle
nord et le pôle sud, la position de la longitude
zéro est fondamentalement indifférente, ce ne
fut donc qu'une décision politique.

TAG Heuer
Carrera Twin-Time, acier, automatique,
calibre TAG Heuer 7 (base ETA 2893-2),
affichage 24 heures (deuxième fuseau
horaire), 2006

Sothis
World Time Chrono, acier, automatique,
calibre ETA 7750 modifié, villes
de référence des différents fuseaux
horaires indiquées sur la lunette
sous verre, 1999

Temption
utomat avec deuxième fuseau horaire, acier, automatique, calibre
TA 2893-2, affichage 24 heures (deuxième fuseau horaire), 1999

Tiffany
Streamamerica World Time, acier, automatique, calibre ETA 2824-2,
indication du temps universel, 1999

Tiffany
Classic Two Time Tonneau, acier,
mouvement à quartz, calibre
ETA 280.002, deuxième affichage
12 heures, 1999

Tutima
Fliegerchronograph F2 UTC, acier,
automatique, calibre ETA 7750
modifié, affichage 24 heures
(deuxième fuseau horaire),
chronographe, 2006

Tissot
Navigator Seastar T12, acier, automatique,
calibre 798, cadran 24 heures, lunette sous
verre tournante avec indication des villes
de référence des différents fuseaux horaires
(indication du temps universel), 1975

Tutima
Automatic FX UTC, acier, automatique,
calibre FTA 2893-2, affichage
24 heures (deuxième fuseau horaire),
2006

Il est facile de s'imaginer les difficultés liées à l'introduction de tels concepts. Les problèmes commencèrent d'ailleurs très rapidement avec la querelle de deux rivaux traditionnels que sont la France et la Grande-Bretagne quant à la localisation du méridien zéro, le premier voulant naturellement qu'il soit à Paris et le second à Londres.

Après que l'Observatoire Royal situé dans le quartier londonien de Greenwich eut publié en 1767 un Almanach Nautique, les Anglo-Saxons affirmèrent avec assurance que le méridien zéro, base de référence pour le calcul du temps universel, devait passer dans la capitale anglaise. Dès lors on parla du « Greenwich Mean Time » (temps moyen du méridien de Greenwich, GMT).

Les pays très étendus en longitude, comme la Russie ou les États-Unis, où l'on dénombra jus-

qu'à 300 heures locales, souffraient naturellement beaucoup de cette situation. En conséquence, la société météorologique américaine porta également en 1875 sa pierre à l'édifice en vue de la création d'un système horaire unifié valable mondialement et qui fut établi en 1884. La Terre fut ensuite divisée en 24 fuseaux horaires. D'un fuseau horaire à l'autre, on obtint ainsi un décalage horaire d'une heure en allant d'ouest en est à partir du méridien zéro. Petit à petit, tous les états adhérèrent à ce système. La France accepta aussi finalement que la longitude zéro soit située à Londres.

Étant donné qu'une journée comporte 24 heures pendant lesquelles la Terre effectue un tour complet sur elle-même autour de son axe et qu'elle décrit un cercle entier de 360°, un fuseau horaire couvre donc 15° de longitude (360° : 24 = 15). En théorie.

Ulysse Nardin
Calendrier perpétuel GMT +/-, or blanc,
automatique, calibre UN 32, affichage
24 heures (deuxième fuseau horaire),
calendrier perpétuel, 2006

Ulysse Nardin
San Marco GMT +/-, acier,
automatique, calibre UN 20, aiguille
des 24 heures (deuxième fuseau
horaire), calendrier perpétuel, 1999

Ulysse Nardin
GMT +/- Big Date Dual Time, or rouge,
automatique, calibre UN 22, affichage
24 heures numérique (deuxième
fuseau horaire), calendrier perpétuel,
2006

niversal Genève
us, platine/or rouge, remontage
nuel, calibre Universal Genève 42,
ble affichage de l'heure
c indication jour/nuit (deuxième
eau horaire), boîtier réversible, 1999

Victorinox
AirBoss Mach 5, acier, automatique, calibre ETA 2893-2, affichage 24 heures (deuxième fuseau horaire), 2006

Vacheron Constantin
Royal Eagle Dual Time, or blanc, automatique, calibre Vacheron Constantin 1206 II 000, deuxième affichage 12 heures avec indication jour/nuit (deuxième fuseau horaire), 2006

Vacheron Constantin
Malte Dual Time, or rose, automatique, calibre Vacheron Constant 1206 RDT, affichage 24 heures (deuxième fuseau horaire), certif chronomètre (COSC), 2006

Vulcain
Aviator GMT, acier, remontage manuel, calibre Vulcain V-10, affichage 24 heures (deuxième fuseau horaire), fonction réveil, 2006

Dans la pratique, il existe, pour des raisons géopolitiques, beaucoup plus de fuseaux horaires, car certains pays observent des décalages d'une demi-heure d'un fuseau à l'autre ou encore parce que des pays immenses comme la Chine ont décidé de n'adopter qu'un seul fuseau horaire. Vient s'ajouter à cela que de nombreux états ne connaissent pas d'heure d'été, situation qui n'aurait d'ailleurs aucun sens dans les zones équatoriales où les jours et les nuits sont pratiquement toujours de durée égale.

L'heure d'Europe centrale (CET pour Central European Time) en vigueur aujourd'hui en France métropolitaine fut introduite en 1893 et correspond à l'heure de Greenwich plus 1 heure,

Cette heure est valable de la côte ouest de l'Espagne jusqu'à la frontière orientale de la Pologne et couvre ainsi une bande de près de 35° de longitude. L'UTC (Universal Time Coordinated ou Temps universel coordonné, utilisé aujourd'hui à la place du GMT, fut introduit en 1972. L'UTC basé également sur les horloges atomiques et propagé par les émetteurs à ondes courtes et par les satellites, se réfère aussi au méridien zéro mais au lieu d'utiliser le système anglo-saxon am/pm pour désigner respectivement le matin et l'après-midi, il exprime l'heure de façon moins ambiguë en utilisant 24 heures. L'heure s'écrit de même avec quatre chiffres qui sont prononcés lorsque l'on indique l'heure oralement. Par exemple : 1 heure du matin (1.00 am) correspond à UTC 0100, prononcé « zero one hundred ».

Raymond Weil
Don Giovanni Cosi Grande Two Time Zones, acier, automatique, calibre RW 2200 (base ETA 2671), affichage 24 heures (deuxième fuseau horaire), 2006

George J. von Burg
GMT Fly-Back, acier, automatique, calibre OJVD 0107 (base ETA 7760), affichage 24 heures (deuxième fuseau horaire), chronographe avec fonction flyback, 2006

Zenith
Grande Class Réserve de marche Dual Time, or rose, automatique, calibre Zenith Elite 683, affichage 24 heures (deuxième fuseau horaire), indication de la réserve de marche, 2006

Zenith
Class Dual Time, acier, automatique, calibre Zenith Elite 682, affichage 24 heures (deuxième fuseau horaire), 2006

Harry Winston
Greenwich, or jaune, automatique, deuxième aiguille des heures avec indication jour/nuit (deuxième fuseau horaire), 1999

6.

MONTRES-BRACELETS AVEC FONCTION RÉVEIL

Les montres-bracelets avec fonction réveil
font depuis toujours partie des instruments
horaires originaux et, puisqu'il existe
aujourd'hui des montres-bracelets numériques
bon marché et des téléphones portables
avec fonction alarme, elles ne sont plus
intéressantes que pour les amateurs
d'horlogerie possédant un goût développé
pour les extravagances.

Breguet

Montre réveil, Le Réveil du Tsar, or jaune, automatique, calibre Breguet 519 F, réveil à remontage automatique, affichage 24 heures (deuxième fuseau horaire), 2006

Certina

Alarm, acier, automatique, calibre AS 5007, 1976

Cyma

Time-o-Vox, acier/doré, remontage manuel, calibre Cyma 464, 1953

Cartier

Montre réveil, acier, remontage manuel, calibre JLC 489/1, 1952

Le peu de montres possédant cette fonction additionnelle fort appréciable – encore proposées aujourd'hui – sont dans la plupart des cas dotées de mouvements déjà fabriqués dans les années 1940 et 1950. Les montres réveils ayant une construction réellement nouvelle ne représentent qu'une petite minorité. Dans leur fonctionnement, ces petits réveils ont beaucoup de points communs avec leurs géants parents métalliques, autrefois posés sur maintes tables de nuit et dont le tic-tac était si bruyant que l'on avait du mal le soir à trouver le sommeil dont ils étaient censés nous extirper le matin suivant. C'est précisément l'un des avantages des montres réveils : elles ne se font entendre que lorsqu'elles doivent nous réveiller.

Parlons d'abord de leur fonctionnement : sous la roue des heures (celle portant l'aiguille des heures) se trouve un ressort-lame fixé par l'une de ses extrémités à la platine qu'il recouvre totalement et qui, de l'autre côté du mouvement, s'enfonce dans ce dernier. La roue des heures porte deux cames. Le ressort-lame encercle le chevillot

et pousse doucement la roue des heures du bas vers le cadran. C'est à cet endroit que se situe la roue de réglage du réveil, qui ne peut être actionnée que de l'extérieur à l'aide de la couronne et qui possède deux petites creusures, destinées à recevoir la roue des heures avec ses deux cames lorsque la roue des heures et la roue de réglage du réveil se trouvent dans une position très particulière l'une par rapport à l'autre. Ce moment précis est l'instant de l'heure du réveil.

Lorsque les cames de la roue des heures entrent dans les creusures de la roue de réglage du réveil, l'extrémité libre du ressort-lame se déplace légèrement et libère le marteau de réveil qu'il bloquait jusqu'alors. Le marteau frappe si rapidement le fond du boîtier ou une autre caisse de résonance qu'un bruit clinquant, ou une sonnerie stridente, est émis et la montre vibre sur le poignet.

Eterna

1948 Réveil, acier, automatique, base AS 5008, réplique de la première Eterna-Matic, 2006

Fortis

Manager, acier, remontage manuel, calibre AS 1475, 1954

Dubey & Schaldenbrand

Acier, automatique, calibre LIP 5900 (base AS 5008), affichage 24 heures (deuxième fuseau horaire), 2006

Fortis

B-42 Official Cosmonauts Chrono Alarm, acier, automatique, calibre Fortis (base ETA 7750), chronographe, réveil à remontage automatique, affichage 24 heures (deuxième fuseau horaire), 2006

IWC

GST Automatic Alarm, titane, automatique, calibre IWC C.197, 1999

Jaeger-LeCoultre
LeCoultre Wrist Alarm, acier/doré,
remontage manuel, calibre JLC 814,
1951

Jaeger-LeCoultre
Memovox, acier, remontage manuel,
calibre JLC 489/1, 1951

Jaeger-LeCoultre
Master Memovox, or rouge, automatique,
calibre JLC 914, calendrier perpétuel
avec double indication des phases de lune,
2006

Jaeger-LeCoultre
Memovox Automatic, acier,
automatique, calibre JLC 916, 1951

Une montre qui fait entendre sa voix

Lorsque les passionnés d'horlogerie parlent des montres réveils, ils évoquent souvent la Memovox de Jaeger-LeCoultre qui fait partie du catalogue de la marque, sous une forme sans cesse corrigée, depuis 1951.

Le nom est évocateur car formé à partir du latin memor (se souvenir) et vox (la voix). Les premiers modèles Memovox faisaient entendre leur voix par l'action d'un minuscule marteau se déplaçant très rapidement et venant frapper une cheville sur la face interne de la boîte, ce qui produisait un son grinçant. Aujourd'hui, quelques générations de modèles plus tard, la sonnerie a été considérablement améliorée pour devenir agréable. Elle provient d'un timbre avec enclume en demi-cercle suspendu à l'intérieur de la boîte de sorte qu'elle sert de caisse de résonance. Tandis que le mouvement est remonté automatiquement par un rotor, le réveil est à remontage manuel. On utilise alors sur toutes les versions de Memovox la couronne située à 2 heures.

Junghans
Minivox, acier, remontage manuel,
calibre Junghans 89, 1960

Jaeger-LeCoultre
Master Grand Réveil, platine, automatique,
calibre JLC 909/1, 1999

Jaeger-LeCoultre
Master Compressor Memovox, acier,
automatique, calibre JLC 918 (base JLC 916),
lunette sous verre tournante bidirectionnelle,
couronne avec clef de compression, 2006

Le grillon de Vulcain

On ne peut pas parler de montres-bracelets réveils sans évoquer le fer de lance de la maison
Vulcain, la Cricket.

Elle doit son nom au chant du grillon, cricket en
anglais, que certaines personnes trouvent désagré-
able. Lorsqu'elle sonne, la Cricket fait effectivement penser aux craquètements et aux grésille-
ments du petit insecte. Cette montre réveil fut
développée en 1947 par Robert Ditisheim, ancien
directeur de la marque d'horlogerie suisse Vulcain. Son principal souci était le suivant : la sonnerie ne lui paraissait pas assez bruyante. La pro-
position de l'un de ses amis, le physicien français
Paul Langevin, l'aida à solutionner ce problème.
Il lui conseilla d'utiliser une petite cloche en alliage de béryllium bronze.

« Mon père avait déjà travaillé sept ans au développement de cette montre. », écrivit par la suite le fils de Robert Ditisheim, Michael, à propos
des efforts de son père. Depuis cette époque, la

Jaeger-LeCoultre
AMVOX 1 Alarm, acier, automatique, calibre JLC 918 (base
JLC 916), est le fruit d'une coopération avec le constructeur
de voitures de sport Aston Martin, 2006

Maurice Lacroix
Masterpiece Réveil Globe, acier,
automatique, calibre ML 06 (base
AS 5008), lunette sous verre tournante
bidirectionnelle, 2006

231

montre possède sous le couvercle extérieur de la boîte une cavité de résonance séparée par un deuxième fond. Le marteau de réveil frappe l'enclume du fond intérieur et produit tellement de bruit que cela réveille l'utilisateur. Le fond à double paroi du boîtier reste aujourd'hui encore l'une des caractéristiques particulières des montres réveils Vulcain.

Il convient de mentionner aussi le maniement simple et tout en raffinement de la Cricket. L'heure se règle de façon tout à fait traditionnelle en tirant la couronne qui devra être ensuite renfoncée. Pour régler la sonnerie, il faut pousser le bouton situé à 2 heures, la couronne sort de nou-

Lémania

Montre-bracelet réveil, acier, automatique, calibre Lémania LWO 2980, 1971

Péquignet

Mooréa Réveil, acier, automatique, calibre AS 5008, 1999

Omega

Seamaster Memomatic, acier, automatique, calibre 980, 1971

Nivrel

Réveil, acier, automatique, calibre AS 5008, 1999

Pierce
Alarm, acier, automatique, alarme, calibre AS 5008, 1976

Sinn
Frankfurter « Place financière », acier, automatique, calibre AS 5008, réveil à remontage automatique, affichage 24 heures (deuxième fuseau horaire), lunette sous verre tournante bidirectionnelle, 2006

Revue Thommen
Cricket 1997, acier, remontage manuel, calibre Revue Thommen RT 80, 1999

Tiffany
Classic Alarm, acier, mouvement à quartz, calibre ETA 926.301, 1999

veau et l'heure de réveil peut ainsi être définie. Le poussoir sert également à raccourcir au besoin la durée de la sonnerie.

Vulcain, ainsi que Jaeger-LeCoultre, proposent également une autre particularité : la fonction réveil a été implantée dans une montre de plongée. Les plongeurs peuvent ainsi être avertis acoustiquement lorsqu'il est temps d'amorcer leur remontée vers la surface. De plus, ils peuvent lire sur le cadran de leur montre les temps de décompression qu'ils doivent respecter.

En 1961, le pionnier suisse de la plongée réussit à enregistrer un record du monde de plongée en lac en atteignant 220 mètres avec une Cricket Nautical de la marque Vulcain.

Le réveil de voyage idéal

Deux complications à la fois dans une montre ne représentent pas une exception, et combiner un réveil avec une montre à fuseau horaire sem-

Auguste Reymond
Rumba Alarm, acier, automatique, calibre AS 5008, réveil à remontage automatique, 2006

233

Vulcain
Cricket, or rouge, remontage manuel, calibre Vulcain 120, 1960

Vulcain
Cricket Calendar, acier/doré, remontage manuel, calibre Vulcain 401, 1954

Ulysse Nardin
San Marco Alarm, acier, automatique, calibre Ulysse Nardin UN 60, 1999

Ulysse Nardin
Sonata, or rouge, automatique, calibre Ulysse Nardin UN 66, réveil réglable à la minute, affichage 24 heures (deuxième fuseau horaire), 2006

Louis Vuitton
Tambour Réveil Automatique, acier, automatique, calibre LV 113 (base calibre AS 5008), réveil à remontage automatique, affichage 24 heure (deuxième fuseau horaire), 2006

234

ble être une bonne idée. Lorsque l'on voyage, une montre-bracelet réveil a une utilité pratique indéniable. La montre Léman Réveil GMT de la marque Blancpain est la parfaite illustration de ce type d'instrument. Elle possède un mouvement composé de plus de 400 pièces dont le remontage automatique alimente le réveil ainsi que le mouvement. L'utilisation est ici aussi très simple.

L'heure et le deuxième fuseau horaire se règlent avec la couronne située à 2 heures, l'heure de réveil avec la deuxième couronne à 4 heures. Le réveil s'enclenche et s'éteint avec un poussoir à 8 heures. On peut lire l'état du réveil (éteint/allumé) sur le cadran. La fonction réveil est commandée par une roue à colonnes classique, ses petits marteaux frappent un timbre comme ceux qui sont utilisé dans les horloges à répétition. Cette montre réveil possède en conséquence une sonnerie très mélodieuse.

Ulysse Nardin a également créé une montre similaire, la Sonata. Elle doit son nom à la tonalité mélodieuse de son alarme, émise par le ressort du gong en acier trempé. Vissé en un seul point, il s'enroule autour du mouvement et peut donc osciller sous l'effet du marteau de réveil. L'heure du réveil peut se régler à la minute près et l'heure du fuseau horaire s'ajuster facilement avec un poussoir +/-.

Vulcain
Cricket Nautical, acier, remontage manuel, calibre Vulcain 120, avec table de décompression pour plongeur sur le cadran, 1961

Vulcain
Lady « Millésime » 1928, acier, remontage manuel, calibre Vulcain V-11, 2006

Vulcain
Aviator Elapse Time, acier, remontage manuel, calibre Vulcain V-11, 2006

Vulcain
Aviator Dual-Time, acier, remontage manuel, calibre Vulcain V-12, aiguille 12 heures supplémentaire (deuxième fuseau horaire), 2006

235

7. MONTRES TOURBILLON

À la base, l'idée de la montre tourbillon est aussi simple que géniale : faire pivoter une montre de poche en position verticale lentement mais régulièrement autour de l'axe de l'aiguille des secondes, et, après un tour complet, constater que tous les écarts de marche du régulateur liés à la gravité sont compensés. Seulement, il n'est guère envisageable, en pratique, de faire tourner une montre toute entière. C'est pourquoi Breguet a concentré son attention sur le régulateur et mis au point un mécanisme permettant de faire tourner l'échappement autour de son axe dans le mouvement d'horlogerie. Concevoir et fabriquer ces montres est encore considéré aujourd'hui comme la prouesse ultime de l'art horloger – ce qui explique leurs prix si élevés.

Audemars Piguet
Tourbillon II, or jaune, calibre AP 2875
à remontage automatique, indication
de réserve de marche, 1999

Arnold & Son
Tourbillon, or blanc,
mouvement
automatique, calibre
A & S 1805, 2006

Audemars Piguet
Tourbillon Edward Piguet à mécanisme
grande date, or blanc, montre bracelet,
calibre AP 2874, 2006

Au XVIIIᵉ siècle, l'horlogerie est plus qu'à toute autre époque marquée par le désir de tirer le maximum des montres mécaniques en termes de précision. Pour la navigation en haute mer, l'exactitude est devenue un atout d'importance. La course à la précision en matière temporelle atteint son apogée avec le prix offert en 1714 par le Parlement britannique pour la résolution du « problème de la longitude » : après d'interminables discussions, la récompense de 20 000 livres est décernée en 1773 à l'anglais John Harrison (1693–1776). Dès lors, on fabriquera nombre de chronomètres de marine, toujours plus performants. Si ces garde-temps prennent assez peu de place à bord par rapport aux autres instruments de navigation, on imagine bien qu'ils ne sont pas faits pour être utilisés en déplacement sur la terre ferme car trop encombrants et trop fragiles. Pour nombre d'horlogers, c'est alors un nouveau défi que d'optimiser dans ce sens les montres de poche et de voyage.

Le principal problème que connaît l'horlogerie de précision à l'époque, et qui semble ne pouvoir être évité, tient aux diverses caractéristiques gênantes des métaux alors disponibles : à des températures différentes, ces métaux voient leurs propriétés physiques et leurs dimensions varier. Ce qui est particulièrement défavorable pour l'oscillateur, que compose le couple balancier-spiral. Le spiral en acier réagit aux variations de température en modifiant son module d'élasticité. Avec l'augmentation de la température, on observe un relâchement de l'élasticité de ce ressort et la montre retarde. Si on la laisse au contraire refroidir, le spiral regagne en élasticité et la montre marche à nouveau plus vite.

Compensation des écarts de marche

Alors que des horlogers, tels John Harrison et Thomas Earnshaw, tentent de corriger ce défaut

Blancpain
Tourbillon Villeret avec réserve
de marche, platine, mouvement
automatique, calibre Blancpain 25,
2006

Audemars Piguet
Tourbillon III, platine, montre-bracelet,
calibre AP 28/1, 1999

Blancpain
Tourbillon Léman à mécanisme grande date, platine,
mouvement automatique, calibre Blancpain 6925,
cadran transparent, 2006

Blancpain
Tourbillon Léman à mécanisme
grande date, or rouge,
mouvement automatique, calibre
Blancpain 6925, 2006

Blancpain
Chronographe Flyback à rattrapante,
collection Le Brassus, or rouge,
mouvement automatique, calibre
Blancpain 56F9U, 2006

239

Breguet
Tourbillon avec réserve de marche,
or jaune, montre-bracelet, calibre
Breguet 560T, indication de réserve
de marche, 1999

Breguet
Tourbillon, or jaune, montre-bracelet,
calibre Breguet 558T, 1999

Breguet
Tourbillon avec quantième perpétuel, or jaune,
montre-bracelet, calibre Breguet 558QP, 1999

Breguet
Tourbillon avec indication de réserve
de marche, platine, montre-bracelet,
calibre Breguet 560T, indication
24 heures rétrograde, 2006

Breguet
Grande complication à tourbillon avec réserve de marche, or jaune,
mouvement automatique, calibre Breguet 587DR, 2006

Breguet
Tourbillon avec quantième perpétuel, platine, montre-bracelet, calibre
Breguet 558QPSQ, boîtier squelette entièrement gravé à la main, 200

directement au niveau du spiral, Pierre Le Roy, à Paris, a l'idée de mettre au point un balancier spécial censé compenser les écarts de marche. Le principe à la base du « balancier compensateur » est connu depuis la fabrication des thermomètres ; il repose sur le fait que des métaux distincts se dilatent chacun de manière différente lorsque la température s'élève. Si l'on réunit de manière indissociable (comme par laminage) deux rubans de métaux inégalement dilatables, on obtient un « bilame », qui s'incurve automatiquement lorsque la température varie, car les deux métaux se dilatent à des degrés divers.

Constituée d'un bilame incurvé, la portion annulaire du balancier, appelée jante, comprend deux ou trois parties selon les modèles. Sur un balancier compensateur à deux branches, les deux segments de la jante sont chacun reliés par une ex-

trémité aux deux branches ; l'autre extrémité est libre et peut suivre la dilatation du métal. Sur un balancier à jante en deux parties, la lame extérieure est constituée du métal au coefficient de dilatation le plus élevé (du laiton) et la lame intérieure est en acier, comme les branches.

Lorsque la température s'élève, le laiton se dilate et comprime les extrémités libres de la jante vers l'intérieur, diminuant ainsi le diamètre de cette dernière. Le balancier, dont le moment d'inertie diminue, se met à osciller plus rapidement.

Toutefois, avec l'élévation de température, la constante d'élasticité du spiral baisse, ce qui fait ralentir les oscillations du balancier. Ces deux défauts se compensent jusqu'à un certain point. Mais les horlogers feront à leurs dépens l'expérience de l'extrême difficulté qu'il y a de com-

Bvlgari
Tourbillon, or jaune, montre-bracelet, calibre Bvlgari MVT 9902 TB (base calibre GP 9902), indication de réserve de marche au dos du boîtier, 1999

Bvlgari
Bvlgari Tourbillon, or jaune, montre-bracelet, calibre Daniel Roth R&G 052, indication de réserve de marche au dos du boîtier, 2006

Bvlgari
Rettangolo Tourbillon, platine, montre-bracelet, calibre Claret 97, 100 heures de réserve de marche, édition limitée à 20 exemplaires, 2006

241

Philippe Charriol
Celtic Le Tourbillon, or jaune, montre-
bracelet, calibre Renaud & Papi, 1999

Chopard
L.U.C. 4T Quattro Tourbillon, or rouge, montre-bracelet, calibre
L.U.C. 1.02, 4 barillets, plus de 200 heures de réserve de marche,
certifié chronomètre (COSC), 2006

Chopard
L.U.C. Steel Wings Tourbillon, platine, montre-bracelet, calibre
L.U.C. 4TB, 4 barillets, plus de 200 heures de réserve de marche,
certifié chronomètre (COSC), 2006

Corum
Tourbillon Mystérieuse, or jaune,
montre-bracelet réalisée
par Christophe Claret spécialement
pour Corum, platine transparente et
ponts en saphir, 1999

Chronoswiss
Régulateur à Tourbillon
Squelette, or blanc,
montre-bracelet, calibre
Chronoswiss C.361 (base
STT), tourbillon minute,
cage de tourbillon
flottante, 2 barillets, 2006

242

penser un défaut par un autre. En effet, ce qui est vrai en théorie ne tient pas toujours ses promesses dans la pratique. Pour les réglages fins, les balanciers compensateurs sont dotés de nombreux logements équipés de vis de réglage et de contrepoids, qui permettent, notamment, d'influer sur le degré de compensation.

Les nouveaux problèmes posés par la mobilité

En compensant les écarts liés à la température, toute une série de sources d'erreur auxquelles personne n'avait pensé ont été introduites. La plus gênante fut que les bilames, à partir des-

quels sont fabriquées les jantes des balanciers, ne se comportèrent pas comme on l'aurait souhaité. En effet, après une variation de température, ils ne reviennent plus dans leur position initiale et, comme la fabrication manque de précision à cette époque, ils n'ont pas non plus un comportement symétrique. Cela signifie que le centre de gravité de l'organe régulateur n'est jamais fixe et ne se trouve précisément dans l'axe du balancier que dans de très rares cas.

Pour les chronomètres de marine, cela a peu d'importance, car le balancier oscille alors toujours à l'horizontale. Pour les montres de poche au contraire, les nets écarts de marche observés dans différentes positions verticales sont gênants.

Roger Dubuis
Sympathie Tourbillon, or blanc,
montre-bracelet, calibre RD 1102,
quantième perpétuel, édition limitée
à 28 exemplaires, 2006

Roger Dubuis
Golden Square à tourbillon volant, or rose,
montre-bracelet, calibre RD 03, couronne
à poussoir pour correction de la date, édition
limitée à 28 exemplaires, 2006

De Witt
Academia Tourbillon Différentiel, titane/or rouge, montre-bracelet,
calibre De Witt DW 8002, tourbillon volant une minute, 110 heures
de réserve de marche, 2006

Gérald Genta
Octo Tourbillon Incontro, platine,
mouvement automatique, calibre
Gérald Genta 9051, affichage
rétrograde des heures, boîtier quartz
avec affichage numérique au dos
du boîtier avec, entre autres, réveil,
chronographe et calendrier, 2006

243

Girard-Perregaux
Tourbillon Président, or jaune, montre-bracelet, calibre GP 9800, tourbillon minute au dos du boîtier, 1999

(Encore) une nouvelle invention

Le 3 nivôse an IX (23 décembre 1800), Breguet envoie une note au ministre de l'Intérieur. Dans cette dernière, il se dit honoré de lui présenter un mémoire concernant la description d'une invention applicable aux machines à mesurer le temps, qu'il souhaite baptiser « régulateur à tourbillon », et il sollicite aussi le privilège d'être le seul à fabriquer de tels régulateurs sur une période de dix ans.

Breguet indique par ailleurs que son « régulateur à tourbillon » doit pouvoir annuler, par compensation, les anomalies résultant des différentes positions des centres de gravité des organes de régulation. Quelques mois plus tard, le 7 messidor an IX (26 juin 1801), Breguet obtient le brevet souhaité, qui lui donne pour dix ans le droit d'être le seul à réaliser de tels mécanismes.

Girard-Perregaux
Tourbillon sous trois ponts d'or, platine, montre-bracelet, calibre GP 9600, tourbillon minute, boîtier squelette entièrement gravé à la main, 1999

Girard-Perregaux
ww.tc Tourbillon, or rose, montre-bracelet, calibre GP 098G0, tourbillon minute au dos du boîtier, indication 24 heures (heures du monde), 2006

Girard-Perregaux
Vintage Tourbillon sous trois ponts d'or, or rouge, mouvement automatique, calibre GP 9600C, tourbillon minute, microrotor, 2006

Girard-Perregaux
Vintage Tourbillon sous pont d'or, or rouge, mouvement automatique, calibre GP 9610C, tourbillon minute, microrotor, 2006

La première montre avec « régulateur à tourbillon » est vendue en 1805. Du vivant de Breguet, seuls 35 exemplaires seront commercialisés. Preuve évidente du bon sens commercial de Breguet, de son sens du « marketing » comme l'on dirait aujourd'hui, il sait aussi donner à sa propre invention l'appellation la plus adaptée.

Le mot « tourbillon » n'a pas uniquement le sens de remous ou de rafale. Dans l'Encyclopédie de Diderot et d'Alembert de 1772, il désigne, conformément aux Principes de Descartes, le mouvement de rotation grâce auquel les planètes tournent autour du soleil, autrement dit un mouvement uniforme s'il en est. On a souvent tenté de baptiser ce mécanisme de bien d'autres manières – sans succès.

Glashütte Original
Alfred Hellwig Tourbillon, or rose, montre-bracelet, calibre Glashütte Original 41, tourbillon volant minute, 1999

Glashütte Original
Julius Assmann Tourbillon, or rose, montre-bracelet, calibre Glashütte Original 51, tourbillon minute volant au dos du boîtier, quantième perpétuel, 1999

Hublot
Big Bang Tourbillon, acier, montre-bracelet, tourbillon volant minute, édition limitée à 9 exemplaires, 2006

Glashütte Original
PanoMaticTourbillon, or rose, mouvement automatique, calibre Glashütte Original 93, tourbillon volant minute, édition limitée à 100 exemplaires, 2006

L'astuce du tourbillon

L'idée à la base de la montre tourbillon est aussi simple que géniale : faire pivoter une montre de poche en position verticale lentement mais régulièrement autour de l'axe de l'aiguille des secondes. Après un tour complet, tous les écarts de marche du régulateur liées à la gravité sont compensés. Seulement, il n'est guère envisageable, dans la pratique, de faire tourner une montre toute entière. C'est pourquoi Breguet a concentré son attention sur le régulateur et a inventé un mécanisme permettant de faire tourner l'échappement autour de son axe dans le mouvement d'horlogerie. Concevoir et réaliser des montres tourbillon demeure aujourd'hui encore la prouesse ultime de l'art horloger – d'où leurs prix si élevés.

Sur l'épure du tourbillon, on peut voir une petite cage en acier, fixée à la platine via un pont, afin qu'elle puisse pivoter. Cette cage est entraînée par la roue moyenne (ou petite moyenne) grâce

Jaeger-LeCoultre
Master Gyrotourbillon, platine, montre-bracelet, calibre JLC 177, tourbillon sphérique à deux axes de rotation, indication directe de l'équation du temps marchante, quantième perpétuel, édition limitée à 75 exemplaires, 2006

F.P. Journe
Tourbillon Souverain à seconde morte, platine, montre bracelet, échappement avec « seconde morte », tourbillon volant minute, indication de réserve de marche, 2006

A. Lange & Söhne
Tourbillon « Pour le Mérite », or jaune, montre-bracelet, calibre Lange L.902.0, réglage de la traction par chaîne, fusée et engrenages planétaires, 1999

Daniel JeanRichard
TV Screen Tourbillon, platine, mouvement automatique, calibre JR (base Girard-Perregaux), 2006

à un pignon rivé axialement. Elle occupe donc la place de la roue des secondes. Sur une petite plateforme, au milieu de la cage du tourbillon, sont disposés (dans le cas d'une montre dotée d'un échappement à ancre), le balancier, l'ancre et la roue d'échappement. En règle générale, le balancier est placé au milieu et pivote ainsi autour de son propre axe. Sur l'axe de la roue d'échappement se trouve un pignon qui traverse le fond de la cage et s'engrène sur une roue dentée fixe, solidaire de la platine. Ainsi, lorsque la roue moyenne met la cage en rotation, cette même rotation est dans le même temps ralentie par l'engrènement de la roue d'échappement dans la roue dentée fixe.

La vitesse de rotation de la cage peut être diversement réglée. Les tourbillons des montres actuelles tournent généralement une fois par minute sur eux-mêmes. Cela permet de fixer l'aiguille des secondes directement sur l'axe de la cage. Les premiers tourbillons de Breguet étaient

Movado
Museum Tourbillon, platine, montre-bracelet, tourbillon minute au dos du boîtier, exemplaire unique, 2006

Richard Mille
Tourbillon RM 002-V2, or rouge, montre-bracelet, calibre RM 002-V2, platine de mouvement en fibre de carbone, 2006

Franck Muller
Cintrée Curvex Tourbillon Imperiale, or jaune, montre-bracelet, calibre FM TFM95, 1999

Franck Muller
Long Island Tourbillon, or blanc, montre-bracelet, calibre FM 2001, 2006

Richard Mille
Tourbillon RM 009 Felipe Massa, boîtier en aluminium AS7G-silicium-carbone, montre-bracelet, calibre RM 009 FM, série spéciale en l'honneur du coureur brésilien de Formule 1 Felipe Massa, édition limitée à 25 exemplaires, 2006

247

Parmigiani
Kalpa XL Tourbillon, or rose, montre-bracelet, calibre Parmigiani 500, tourbillon 30 secondes, 2006

Patek Philippe
10 Jours Tourbillon, platine, montre-bracelet, calibre Patek Philippe 28-20REC10 PS IRM, tourbillon minute au dos du boîtier, 10 jours de réserve de marche, certifié chronomètre (COSC), 2006

Piaget
Emperador Tourbillon, or rose, montre-bracelet, calibre Piaget 600P, tourbillon volant minute, 2006

Robergé
Andromède II Tourbillon, or blanc, montre-bracelet, base calibre Lémania 387, 1999

Daniel Roth
Tourbillon double face, or jaune, montre-bracelet, base calibre Lémania 2187, date et indication de réserve de marche au dos du boîtier, 1999

Daniel Roth
Tourbillon avec 200 heures de réserve de marche, or rose, montre-bracelet, calibre Daniel Roth DR 720, date et indication de réserve de marche au dos du boîtier, 2006

aussi des tourbillons minute. Plus tard, il se livrera à des expériences sur des cages de tourbillon tournant une fois autour de leur axe en quatre ou six minutes, mais il reviendra ensuite au tourbillon minute. Le tourbillon permet à Breguet d'apporter à la montre de poche une précision encore plus grande, mais cela semble n'être à ses yeux qu'un agréable effet secondaire. Le plus important pour lui et pour sa réputation, c'est d'avoir réussi, une nouvelle fois, à concevoir un mécanisme original que personne ne pourra imiter de sitôt. Les propriétaires de montres à tourbillon sont alors, comme de nos jours, des gens fortunés, pour qui l'exactitude de l'heure importe bien moins que l'exclusivité de ce joyau technique. Comme le tourbillon ne confère pas à la montre une fonction supplémentaire que l'on puisse arborer fièrement, on voit bien vite apparaître les premières montres à cadran ouvert, au travers duquel on peut observer ce délicat mécanisme en action.

Le raffinement extrême

Aujourd'hui encore, il est très difficile de réaliser un tourbillon. Outre le fait qu'il doit être d'une extrême finesse, il doit bien sûr aussi amélio-

Alain Silberstein
Tourbillon Kronomarine, acier, montre-bracelet, base calibre Lémania LWO 2387, tourbillon minute, chronographe, édition limitée à 10 exemplaires, 1999

Alain Silberstein
Tourbillon cloisonné dragon, or jaune, montre-bracelet, base calibre Lémania LWO 387, tourbillon minute, cadran e-mail réalisé suivant la technique de l'émail cloisonné, édition limitée à 10 exemplaires, 1999

Alain Silberstein
Tourbillon African Summer, acier, montre-bracelet ASC calibre 1.1 (base STT), tourbillon minute, édition limitée à 500 exemplaires, 2006

Alain Silberstein
Tourbillon cloisonné squelette, saphir/titane, montre-bracelet, base calibre Lémania LWO 8701, tourbillon minute, édition limitée à 10 exemplaires, 1999

Vacheron Constantin

Les Complications Tourbillon, or jaune,
montre-bracelet, calibre Vacheron
Constantin 2250, 4 barillets,
250 heures de réserve de marche,
double indication de réserve
de marche, 2006

Ulysse Nardin

Royal Blue Tourbillon, platine, montre-bracelet, calibre Ulysse
Nardin UN 74, tourbillon volant minute, 2005

Ulysse Nardin

Freak, or blanc, montre-bracelet, calibre Ulysse Nardin UN 01,
carrousel tourbillon avec échappement à double impulsion Ulysse
breveté, l'heure est indiquée grâce à la rotation du mouvement, 2005

Union

Johann Winston J Tourbillon,
or rose, montre-bracelet, calibre
Union 45-01, tourbillon volant
minute, 2005

Vacheron Constantin

Saint-Gervais, platine, montre-bracelet,
calibre Vacheron Constantin 1760,
deux barillets, indication de réserve
de marche, 1999

rer la marche de la montre. Or, ce dispositif complexe est précisément situé à l'endroit où la force du mécanisme d'horlogerie est la plus faible. La force propulsive que la roue des secondes peut transmettre à l'échappement est environ 300 fois plus faible que sur les dents du barillet. Dans cette partie de la montre, les frottements doivent donc être minimisés à l'extrême. Pour que l'on puisse faire pivoter le mécanisme dans sa totalité, ce dernier doit être extraordinairement fin et léger. Aussi, pour les constructeurs de montres, c'est un défi tout à fait singulier que de réaliser un tourbillon opérationnel et qui présente de moins grands écarts de marche que son équivalent sans tourbillon. Enfin, il reste le plus difficile, à savoir miniaturiser l'ensemble, de sorte qu'il puisse s'intégrer dans une montre-bracelet.

Harry Winston
Excenter Tourbillon, platine, montre-bracelet, calibre HW 400A, 2006

Louis Vuitton
Tourbillon Tambour Monogram, or blanc, montre-bracelet, le pont de la roue moyenne peut être personnalisé (initiales du propriétaire de la montre, par exemple), 2006

Vulcain
Tourbillon Imperial Gong, or rose, montre-bracelet, calibre Vulcain V 30, tourbillon volant minute, sonnerie de réveil à deux timbres, 2006

Zenith
Chronomaster XXT Tourbillon, or rose, mouvement automatique, calibre Zenith 4005 El Primero, tourbillon minute, chronographe, 2006

Harry Winston
Tourbillon, platine, montre-bracelet, 2006

8. MONTRES À CALENDRIER

À l'ère de l'électronique, l'indication de la date figure
certainement parmi les fonctions complémentaires
que l'on considère encore utiles sur une montre.
Mais quel agrément pour son propriétaire, si le jour
de la semaine, le mois, voire l'année sont aussi indiqués.
Au premier rang de ces fonctions, on trouve le calendrier
(ou quantième) perpétuel, que même les années bissextiles
ne parviennent pas à perturber.

Angelus
Chronodato, acier/plaquée or,
montre-bracelet, quantième perpétuel,
chronographe, 1948

Audemars Piguet
Royal Oak Quantième perpétuel,
or jaune, calibre 2120 QP
à remontage automatique,
quantième perpétuel, 1999

Audemars Piguet
Royal Oak Offshore, or jaune, calibre
2120 QP à remontage automatique,
quantième perpétuel, 1999

Audemars Piguet
Quantième perpétuel, modèle
du jubilé, or rouge, calibre 2120 QP
à remontage automatique, quantième
perpétuel, 1999

Audemars Piguet
Millenary Quantième perpétuel, or jaune,
calibre 2120 QP à remontage
automatique, quantième perpétuel, 1999

254

L'indication de la date est l'une des plus anciennes fonctions complémentaires des montres mécaniques. À cet effet, les montres-bracelets comportent généralement un rouage sur la face de la platine côté cadran et, selon les modèles, des leviers et un cliquet d'arrêt. L'une des roues est en prise avec la roue à canon, qui porte l'aiguille des heures, et entraînée par cette dernière. L'organe de changement de date suit en permanence le mécanisme des aiguilles et incrémente la date lentement, sur plusieurs heures, ou d'un seul coup à minuit, par le biais d'un disque tournant, situé sur le bord extérieur de la platine. En tôle de laiton ou, plus rarement, en matière synthétique, il porte les nombres de 1 à 31 et une jante crantée sur son pourtour intérieur. Dans cette couronne dentée vient mordre un entraîneur, lequel est placé sur

une roue pilotée par le mécanisme d'horlogerie. Le cliquet évoqué plus haut sert à maintenir le disque des jours dans une position de repos après le changement de date, de sorte à ce que le nombre correspondant à la date reste exactement derrière le guichet, même lorsque la montre bouge.

Les constructeurs n'ont cessé d'apporter des améliorations de toutes sortes à ce principe de base. C'est le cas notamment de la « commutation instantanée », dans laquelle, comme expliqué ci-dessus, la date est avancée d'un jour d'un seul coup, à minuit pile, à l'aide du ressort tendu durant plusieurs heures par le mécanisme d'horlogerie. Sur les montres non équipées de ce dispositif, le processus d'incrémentation de la date dure environ de 21 heures jusqu'à minuit.

Blancpain
Chronographe 2100 Quantième perpétuel, or jaune, mouvement automatique, calibre Blancpain 5585, quantième perpétuel, chronographe, 1999

Baume & Mercier
Chronographe à quantième, or rose, calibre W72, quantième perpétuel, 1953

Blancpain
Phases de lune 2100, or jaune, mouvement automatique, calibre Blancpain 1153, quantième perpétuel, 1999

Blancpain
2100 Military Phases de lune, acier, mouvement automatique, calibre Blancpain 1153, quantième perpétuel, 1999

255

Blancpain
Chronographe Fly-Back Quantième
perpétuel, acier, mouvement
automatique, calibre Blancpain 55F8,
quantième perpétuel, chronographe
avec fonction retour en vol (flyback),
1999

Blancpain
Le Brassus Équation Marchante,
platine, mouvement automatique,
calibre Blancpain 3863, quantième
perpétuel, indication directe
de l'équation du temps marchante,
2006

Blancpain
Villeret Quantième perpétuel
avec phases de lune, or rouge,
mouvement automatique, calibre
Blancpain 6763, 2006

Blancpain
Le Brassus Grande Complication 1735, platine, mouvement
automatique, calibre Blancpain 1735, répétition des quarts
d'heure et des minutes, quantième perpétuel, chronographe
à mécanisme de rattrapante, 2006

Martin Braun
Astraios, acier, mouvement automatique, calibre ETA
2892-A2 avec module Martin Braun MAB 4, calendrier
annuel, indication du lever et du coucher du soleil, 2006

Breguet
Quantième perpétuel à lecture linéaire,
or jaune, mouvement automatique,
calibre Breguet 502 QPL, 1999

Breguet
Quantième perpétuel Réserve
de marche, or jaune, mouvement
automatique, calibre Breguet 502 DRP,
quantième perpétuel avec indication
de la réserve de marche, 1999

Les possibilités techniques de corriger rapidement la date ont été également améliorée, ce qui est indispensable lorsqu'une montre mécanique n'a pas été remontée depuis quelques jours.

Les horlogers se sont livrés à toutes sortes d'expérimentations. Sur certaines montres, en tirant brusquement sur la couronne de remontoir, on pouvait, pour ainsi dire, faire avancer l'affichage de la date. Sur d'autres, il fallait pousser cette même couronne rapidement. Dans la méthode qui s'est finalement avérée la plus fiable, on peut tirer la couronne dans trois positions. Au plus près du boîtier, elle a la fonction de « remontoir ». Totalement tirée vers l'extérieur, elle permet de repositionner les aiguilles. Entre ces deux positions en existe une troisième, dans laquelle on peut faire tourner le disque des jours jusqu'à ce qu'il affiche la date. Ce dispositif et ces possibilités de réglage existent aujourd'hui sur la plupart des montres-bracelets.

Breguet
Équation du temps, or jaune, mouvement automatique,
calibre Breguet 502 DPE, quantième perpétuel
avec indication de l'équation du temps, 1999

257

Breguet
Quantième perpétuel à 2 barillets,
or jaune, mouvement automatique,
calibre Breguet 591 QPT, quantième
perpétuel avec affichage du calendrier
rétrograde, 1999

La date passe le plus souvent inaperçue dans une petite fenêtre rectangulaire pratiquée dans le cadran et appelée guichet. Les chiffres sont généralement si minuscules qu'ils sont a priori illisibles et par conséquent inutiles, surtout pour les personnes âgées, dont la vue baisse. Le mécanisme à grande date, avec son côté éminemment pratique, est par conséquent très apprécié, notamment par ceux pour qui les lunettes sont devenues « obligatoires ».

La grande date, que l'on retrouve sur de plus en plus de montres, n'est pas, comme l'on pourrait aisément le supposer, une invention des années 1990. Dès les années 1950, quelques montres en étaient déjà dotées. Comme exemple, citons les calibres 211, 216 et 221 de l'ancienne fabrique d'ébauches Venus, sur lesquelles la date était indiquée par deux disques pivotant indépendamment l'un de l'autre. Entre-temps, les entreprises horlogères sont nombreuses à proposer une date aux chiffres bien visibles. Les minuteries et

les mécanismes de calendrier utilisés ou modifiés à cet effet résultent en partie de nouvelles inventions et en partie d'évolutions d'anciens mécanismes.

Dans une annonce publicitaire de A. Lange & Söhne vantant la montre pour dame Arcade, lancée en 1994, on peut voir un tout petit mécanisme d'horlogerie sur un énorme disque des jours. Les chiffres imprimés sur ce dernier ont à peu près la taille de ceux de la date qui apparaît dans le guichet du cadran de l'Arcade. L'annonce demande au spectateur comment un affichage de date aussi gros peut tenir dans une si petite montre et de lui proposer alors une réponse sibylline qui exprime bien la difficulté que pose le grossissement des chiffres de la date : « ... seul Lange le sait ».

La solution consiste en fait à remplacer le disque, qui tourne autour du mécanisme avec ses chiffres imprimés de 1 à 31, par deux disques (ou par un

Breguet
Quantième perpétuel, or jaune,
mouvement automatique, calibre
Breguet 502 QP3, 1999

Breguet
Chronographe quantième perpétuel, or jaune,
mouvement automatique, calibre
Breguet 577 QR 1000

Breguet
Quantième perpétuel avec réserve de marche,
or jaune, mouvement automatique, calibre
Breguet 502.3 DRP.1, 2006

Carl F. Bucherer

Patravi « Tribute to Fritz Brun », or rouge,
mouvement automatique, calibre CFB 1959
(base ETA 2892-A2), calendrier perpétuel,
chronographe, certifié chronomètre (COSC), 2006

Chopard

Chronographe avec quantième perpétuel,
or jaune, mouvement automatique,
base calibre JLC 889/2, 1999

Bvlgari

Bvlgari Calendrier annuel, or jaune, mouvement
automatique, calibre Dubois-Dépraz 5733
(base ETA 2892-A2), 2006

Chopard

Quantième perpétuel, platine,
mouvement automatique, base calibre
JLC 888, 1999

Chopard

L.U.C. Lunar One, or rouge, mouvement
automatique, calibre L.U.C. 1.96 QP,
quantième perpétuel, certifié
chronomètre (COSC), 2006

Doxa
Chronographe à calendrier complet,
acier, montre-bracelet, calibre
Valjoux 72C, 1949

Jaquet Droz
Quantième perpétuel, or blanc,
mouvement automatique, calibre
Jaquet Droz 5863, édition limitée
à 88 exemplaires, 2006

Chronoswiss
Lunar Triple Date, or jaune,
mouvement automatique,
calibre Chronoswiss C.931
(ETA 2892-A2), 2006

De Bethune
Quantième perpétuel avec indication des phases de lune, or
blanc, montre-bracelet, calibre DB 2004, indication des phases
de lune par une sphère, 2006

Dubey & Schaldenbrand
Spiral VIP, or rose, automatique, calibre ETA 7751, calendrier
complet, chronographe, 2006

disque et une croix, comme chez Lange). Placés directement côte à côte, ou même l'un sur l'autre, ils sont pilotés par la minuterie. Comme l'on a dans ce cas uniquement besoin d'imprimer les chiffres de 1 à 9 plus le 0, on parvient à un très net grossissement.

Plus qu'une simple date

L'avancement du jour de la semaine est généralement effectué par le même mécanisme que pour la date, mais parfois aussi par une roue d'entraînement séparée. Le dispositif d'affichage est similaire à celui de la date. Les jours sont imprimés sur un fin disque de tôle muni de petites dents ; suivant les modèles, ils sont imprimés une seule fois ou par séries se succédant. Les constructeurs doivent en effet prendre en compte le fait qu'un dimanche est toujours suivi d'un lundi, que l'on soit à la fin d'un mois de 30 jours ou au mois de février d'une année bissextile.

À certaines époques, il y a eu des commutateurs rapides que l'on pouvait actionner à l'aide de la couronne : une légère pression permettait de faire avancer la date et une pression plus appuyée de faire défiler les jours de la semaine. De par sa nature, ce système a souvent donné lieu à des erreurs, obligeant notamment à reprendre l'opération pour un mois tout entier.

Sur d'autres mécanismes, l'avancement du jour de la semaine n'était pas prévu. Ainsi, pour afficher le jour correct, on devait alors remonter la montre d'une semaine, jour par jour, puis faire avancer la date à l'aide de la couronne. C'est finalement la solution la plus simple qui s'est à nouveau imposée comme la meilleure. Pour presque toutes les corrections de date et de jour de la semaine : on tire la tige de remontoir jusqu'au cran d'arrêt central et l'on tourne la couronne sur la gauche pour régler la date, et sur la droite pour régler le jour de la semaine, ou inversement.

Roger Dubuis
Sympathie Quantième perpétuel birétrograde, or rose, mouvement automatique, calibre RD 5772, indication de la date et du jour de la semaine par une aiguille rétrograde, 2006

Dubey & Schaldenbrand
Moondate, or rose, mouvement automatique, calibre ETA 7751, calendrier complet, chronographe, 1999

Roger Dubuis
Golden Square Quantième perpétuel, or rose, mouvement automatique, calibre RD 5739, 2006

Ebel
Quantième perpétuel, or jaune, mouvement automatique, calibre Ebel 136 (base Zenith 400 El Primero), chronographe, 1999

Eberhard
Chronographe à calendrier complet,
or jaune, montre-bracelet,
calibre ETA 7761, 1999

Eberhard
Navymaster, or jaune, montre-bracelet, calibre ETA 7761,
calendrier complet, chronographe, certifié chronomètre
(COSC), 1999

Louis Erard
1931 Phases de lune, acier, mouvement automatique, calibre
ETA 2824-2 avec complication Dubois-Dépraz 9000, 2006

Glashütte Original
1845 Quantième perpétuel, or jaune, mouvement automatique,
calibre Glashütte Original 49-01, 1999

Eberhard
Replica, argent fin, montre-bracelet,
1950

Calendrier complet et calendrier annuel

Si la date et le jour de la semaine ne vous suffi-
sent pas, vous pouvez opter pour un calendrier
complet. C'est ainsi que l'on nomme les montres
disposant d'un affichage des mois. Celui-ci est pi-
loté par l'étoile des dates, roue crantée à 31 dents
qui effectue une révolution en un mois et qui affiche le mois suivant grâce au dispositif qu'elle
porte, appelé doigt des mois. Toutefois, comme
on peut le déduire à partir de cette description,
le calendrier complet ne comporte que des mois
de 31 jours. Pour les mois de 30 jours ou moins,
le porteur de la montre doit intervenir et actionner le poussoir de correction pour sauter le jour
manquant et passer au premier du mois suivant.
Pour encore plus de confort, il faut choisir le calendrier annuel, qui n'exige plus qu'une seule
correction, à savoir en février.

Glashütte Original
Karree Quantième perpétuel, or jaune,
mouvement automatique, calibre
Glashütte Original 42-01, 1999

Eterna
Montre à calendrier, or jaune,
montre-bracelet, calibre 1118H,
calendrier complet, 1945

Girard-Perregaux
Vintage XXL Quantième perpétuel,
or rose, mouvement automatique,
calibre GP 3170, chronographe, 2006

Glashütte Original
Senator Quantième perpétuel, or rose,
mouvement automatique, calibre
Glashütte Original 100-02, 2006

263

Heuer

Chronographe à calendrier complet,
acier, montre-bracelet, calibre
Valjoux 730, 1950

IWC

Novecento, or jaune, automatique, calibre
IWC C.96061, quantième perpétuel
avec indication des phases de lune, 1999

IWC

Portugaise Perpetual Calendar,
or rouge, automatique, calibre IWC
50611, double indication des phases
de lune, 2006

IWC

Da Vinci Rattrapante, or jaune,
automatique, calibre IWC 79251,
quantième perpétuel avec indication
des phases de lune, chronographe
avec mécanisme de rattrapante, 1999

IWC

Portofino, platine, montre-bracelet,
calibre IWC C.18561, quantième
perpétuel avec indication
des phases de lune, 1999

264

Jaeger-LeCoultre
Montre à calendrier, acier/plaquée or,
montre-bracelet, calibre JLC 806 AW,
calendrier complet, indication
des phases de lune, 1945

Jaeger-LeCoultre
Master Moon, acier, automatique, calibre JLC
891/448, calendrier complet, indication
des phases de lune, 1999

Le calendrier sur quatre ans, souvent appelé calendrier semi-perpétuel, ne se laisse quant à lui
dérouter que par les années bissextiles. Le propriétaire de la montre n'a plus qu'à intervenir
une seule fois, le 29 février.

IWC
Da Vinci, or rouge, automatique, calibre
IWC 79261, indication des phases
de lune, chronographe, 2006

Des montres
pour ses arrière-petits-enfants

Le nec plus ultra, c'est le calendrier (quantième)
perpétuel, car il donne, sur plus de 100 ans – plus
précisément, jusqu'au 1er mars de l'année 2100 –,
l'heure, le jour, la date, le mois, l'année (tout au
moins l'année bissextile) et la position de la Lune. L'année 2100, que les fiers détenteurs de montres aussi compliquées ne devraient guère être
nombreux à voir de leur vivant, est dite séculai-
re. En tant que telle, elle n'est pas bissextile et
n'a donc pas de 29 février. En effet, le 29 février

Jaeger-LeCoultre
Montre à calendrier, acier/or jaune,
montre-bracelet, calibre JLC 494/1,
calendrier complet, indication
des phases de lune, 1945

265

Jaeger-LeCoultre
Master Perpetual, or rouge,
mouvement automatique, calibre JLC
889/1-440/1, quantième perpétuel,
indication des phases de lune, 1999

Jaeger-LeCoultre
Master Eight Days Perpetual, or rouge,
mouvement automatique, calibre
JLC 876, quantième perpétuel, 2006

Jaeger-LeCoultre
Master Calendar, or rouge, mouvement
automatique, calibre JLC 924,
calendrier complet, indication
des phases de lune et de la réserve
de marche, 2006

JeanRichard
TV Screen Quantième perpétuel, or blanc,
mouvement automatique, calibre
JR 80 33 QJ, 2006

F.P. Journe

Octa Calendrier, platine, mouvement automatique,
calibre FP Journe 1300-2, calendrier annuel
avec affichage du calendrier rétrograde, 2006

Kelek

52 semaines calendaires, acier, mouvement
automatique, calibre Kelek 9252 (base ETA 2892),
indication des semaines, 1999

Kelek

Grande Complication, or jaune,
mouvement automatique, calibre
Kelek 2152-24S, quantième perpétuel,
chronographe, 1999

Kelek

Calendrier semi perpétuel, acier/or jaune,
mouvement automatique, calibre Kelek 5700
(base ETA 2892-A2), 1999

revient normalement tous les quatre ans dans
notre calendrier grégorien de référence, sauf durant les années dont le nombre est divisible par
400 (ce qui est le cas pour l'année 2100).

Jusqu'à cette date (2100), les montres à calendrier perpétuel livreront les informations que
l'on attend d'elles. À condition toutefois que les
ressorts de barillet soient toujours bien tendus !

« L'éternité » a donc ses limites. Elle est limitée
par des faits insignifiants, comme la distension
de ressorts. Lorsqu'un amoureux de ces montres
compliquées souhaite porter un autre garde-
temps pendant qu'il fait du sport ou pendant
qu'il voyage, ce qui est alors grandement conseillé
compte tenu du prix élevé de ces chefs-d'œuvre,

Kurth

Montre à calendrier, or rose,
mouvement automatique, ancien
calibre Longines avec module
de calendrier, 1999

267

Maurice Lacroix
Phase de Lune, acier, mouvement
automatique, calibre ML 37 (base ETA
2824-2), calendrier complet, 1999

Maurice Lacroix
Masterpiece Phase de Lune Tonneau,
acier, mouvement automatique, calibre
ML 37 (base ETA 2824-2), calendrier
complet, 2006

Maurice Lacroix
Masterpiece Lune rétrograde, or jaune, montre-bracelet,
calibre ML 104 (base ETA 6498-2), affichage
du calendrier rétrograde, 2006

Maurice Lacroix
Masterpiece Calendrier Rétrograde, acier, montre-
bracelet, calibre ML 76 (base ETA 6498-2),
affichage du calendrier rétrograde, 2006

A. Lange & Söhne
Langematic Perpetual, or jaune, automatique,
calibre Lange L.922.1 SAX-O-Mat, quantième
perpétuel, indication 24 heures, 2006

il doit veiller à ce que le calendrier perpétuel reste alimenté en énergie. Si la montre n'est pas remontée à la main au moins tous les deux jours, il faut la faire tourner en continu dans un remontoir, afin que la masse oscillante du mécanisme automatique puisse tendre les ressorts du barillet. Ainsi, toutes les indications de temps et de calendrier restent bien affichées en permanence. L'inconvénient, c'est que le mécanisme continue de s'user, sans que l'on puisse s'émerveiller de ce joyau technique.

Un grand nombre de ces montres magnifiquement complexes végèteront d'ailleurs à l'ombre du coffre-fort d'un collectionneur désireux d'en posséder une, sans jamais toutefois s'en servir. Ce qui est vraiment dommage !

Longines
Chronographe Phases de lune, or jaune, montre-bracelet, calibre Valjoux 72C, calendrier complet, chronographe, 1979

Longines
Evidenza Phases de lune, acier, mouvement automatique, calibre Longines L600 (base ETA 2892-2), calendrier complet, 2006

Longines
Master Collection Phases de lune, acier, mouvement automatique, calibre Longines L678 (base ETA 7751), calendrier complet, chronographe, indication 24 heures, 2006

Marcello C.
Calendrier complet, acier, montre-bracelet, calibre ETA 6497, 1999

Longines
Conquest Replica Chrono Phases de lune, acier, automatique, calibre Longines L678.2 (base ETA 7751), calendrier complet, chronographe, indication 24 heures, 2006

Minerva
Chronographe à calendrier complet,
acier, montre-bracelet, calibre
Valjoux 723, 1955

Mühle Glashütte
Business-Timer, acier, mouvement
automatique, calibre ETA 2892-A2
de conception modulaire, indication
des semaines calendaires, 2006

Franck Muller
Cintrée Curvex Chrono Master Calendar,
or rose, mouvement automatique, calibre
FM 1070, calendrier complet,
chronographe, 1999

Franck Muller
Cintrée Curvex Quantième perpétuel, or jaune,
automatique, calibre FM RFM93, répétition
des quarts d'heure et des minutes, 1999

H. Moser & Cie
Moser-Perpetual 1, or rouge, montre-
bracelet, quantième perpétuel, mois
indiqué par une petite aiguille
au centre, 2006

Franck Muller
Rattrapante Q.P. Tourbillon, platine, mouvement
automatique, calibre FM 1790, quantième perpétuel,
chronographe avec mécanisme de rattrapante, 1999

Franck Muller

Long Island Master Calendar, or blanc,
mouvement automatique, calibre FM 2800,
calendrier complet, 2006

Nivrel

Calendrier annuel, acier, mouvement
automatique, calibre ETA 2892-2
avec module de calendrier, 1999

Franck Muller

Cintrée Curvex Chrono QP Rétrograde, or jaune
automatique, calibre FM 5888 BR, quantième perpétuel
avec indication rétrograde, automatique, 2006

Franck Muller

Cintrée Curvex Quantième perpétuel, or blanc,
mouvement automatique, calibre FM 5888 BR,
quantième perpétuel avec indication
rétrograde des mois, 2006

Nivrel

Quantième perpétuel 52 semaines,
acier, mouvement automatique,
calibre ETA 2892-2 avec module
de calendrier, indication des semaines
calendaires, 1999

271

Omega
Cosmic, or rouge, montre-bracelet,
calibre 381, calendrier complet, 1940

Parmigiani
Toric Quantième perpétuel rétrograde, or blanc,
mouvement automatique, calibre Parmigiani
333, quantième perpétuel avec indication
rétrograde de la date, 2006

Patek Philippe
Quantième perpétuel, or blanc, automatique, calibre
Patek Philippe 27-460Q, quantième perpétuel
avec indication des phases de lune, 1963

Oris
Complication tonneau, acier,
mouvement automatique, calibre
Oris 581 (base ETA 2688/2671),
indication 24 heures, 1999

Petite digression :
l'indication des phases de la Lune

De sexe féminin dans les langues romanes et vénérée par de nombreuses civilisations de l'Antiquité comme un symbole étroitement lié à la fertilité, la Lune exerce aussi sa fascination sur les êtres sans tendance au mysticisme. Parfois, on lui attribue un très grand pouvoir, comme cette coiffeuse de la Saxe qui coupait les cheveux de ses clients les nuits de pleine lune (certaines substances toxiques étant censées se concentrer dans les pointes) et enfreignait la loi sur les heures de fermeture des magasins en vigueur en Allemagne.

Cependant, les horlogers se sont plutôt basés sur des raisons éminemment pratiques : sous les latitudes tempérées principalement, le ciel est souvent couvert de nuages et la Lune n'est pas visible. Quel avantage alors d'avoir une montre indiquant ce qui se passait au-dessus de la couverture de nuages. Au demeurant, il est relativement simple de représenter les phases de la Lune dans le mois lunaire (nouvelle lune, lune croissante, demi-lune, pleine lune, lune décroissante, demi-lune).

L'influence de l'ombre portée de la Terre sur la Lune, qui ne permet le plus souvent à cette der-

Patek Philippe
Calendrier annuel, or blanc,
mouvement automatique, calibre
Patek Philippe 315/198, 1999

Patek Philippe
Gondolo Calendario, or blanc,
mouvement automatique, calibre
Patek Philippe 324 S QA LU 24H,
calendrier annuel avec indication
rétrograde des phases de lune
et des 24 heures, 2006

Patek Philippe
Chronographe Quantième perpétuel,
acier, montre-bracelet, calibre Patek
Philippe, quantième perpétuel avec
indication des phases de lune,
seuls deux exemplaires en acier
ont été réalisés, 1942

Patek Philippe
Chronographe rattrapante à quantième
perpétuel, or jaune, mouvement
automatique, calibre Patek Philippe
27-70/150, chronographe avec
mécanisme de rattrapante, 1999

273

Patek Philippe
Chronographe à quantième perpétuel,
or rouge, mouvement automatique,
calibre Patek Philippe CH 27-70 Q,
quantième perpétuel avec indication
des phases de lune, 2006

Patek Philippe
Quantième perpétuel, or jaune,
mouvement automatique, calibre
Patek Philippe 240 Q, quantième
perpétuel avec indication
des 24 heures, 2006

Patek Philippe
Sky Moon, or blanc, mouvement automatique, calibre
Patek Philippe 240 LU CL, indication des phases
de lune, âge de la Lune et carte du ciel, 2006

Patek Philippe
Quantième perpétuel, or jaune,
mouvement automatique, calibre
Patek Philippe 315/136, quantième
perpétuel avec indication rétrograde
de la date, 1999

Paul Picot
Firshire Quantième perpétuel, or rose,
mouvement automatique, 1999

Daniel Roth
Quantième perpétuel, or rose, mouvement
automatique, calibre Daniel Roth, 1999

nième que d'être éclairée, en partie seulement, par
le Soleil, est traduite au niveau de l'affichage des
phases lunaires par des ouvertures pratiquées dans
le cadran de la montre et dont les formes correspondent aux parties éclairées du satellite terrestre.

Le plus souvent, l'affichage des phases de la Lune
s'effectue avec un disque bleu foncé, que fait tourner la minuterie de la montre sous le cadran. Deux
gros points, généralement dorés, imprimés ou peints
côte à côte, apparaissent alternativement dans une
échancrure du cadran. Le « disque des phases lunaires » situé sous le guichet du cadran effectue une
révolution en 59 jours, autrement dit presque tout
les deux mois. Cela vient de ce que dans l'horlogerie, on prend pour la lunaison la période écoulée
entre deux nouvelles lunes. Comprenant un peu
plus de 29 jours (29 jours, 12 heures, 44 minutes et
2,9 secondes), celle-ci est indiquée par la plupart des
montres donnant les phases de la Lune.

On voit aisément par le calcul que l'on a très vite
des inexactitudes considérables, car deux lunaisons

Rolex
Perpetual Chronometer Precision, acier, mouvement
automatique, calendrier complet, 1950

Robergé
Andromède II, quantième perpétuel,
or jaune, mouvement automatique,
calibre Dubois-Dépraz 5100, 1999

Daniel Roth
Instantaneous Perpetual Calendar,
or rose, mouvement automatique,
calibre Daniel Roth DR 114,
quantième perpétuel, 2006

Daniel Roth
Tourbillon Perpetual Calendar Retro Date, or
rose, mouvement automatique, calibre Daniel
Roth DR 740/M070, quantième perpétuel
avec indications rétrogrades, 2006

Daniel Roth
Perpetual Calendar Moon Phases,
or blanc, automatique, calibre
Daniel Roth DR 114, quantième
perpétuel, 2006

Schwara Etienne
Phase de Lune, acier, calibre LIP 3100
(base ETA 2892-2), calendrier complet
avec indication des phases de lune,
2006

Daniel Roth
Perpetual Calendar Time
Equation, or blanc,
mouvement automatique,
calibre Daniel Roth
DR 114, quantième
perpétuel, indication
de la longueur des mois
et de l'équation
du temps, 2006

Alain Silberstein
Le Perpétuel Anniversaire, acier,
base calibre ETA 2892-A2, quantième
perpétuel, 1999

Sothis
Quantièmo Spirit of the Moon, acier,
calibre ETA 2824-2 avec module
de calendrier, calendrier complet
avec indication des phases de lune,
1999

Sothis
Chronographe Spirit of the Moon,
acier, calibre ETA 7751, calendrier
complet avec indication des phases
de lune, 1999

Sothis
Osiris, acier, calibre ETA 7751,
calendrier complet avec indication des
phases de lune, chronographe, 2006

Temption
Automatique avec complication, acier,
calibre Temption T16.2 (base ETA 2892
avec module de calendrier), indication
des semaines calendaires, 1999

277

Ulysse Nardin
Tellurium Johannes Kepler, platine,
mouvement automatique, calibre
UN 87, quantième perpétuel
avec indications astronomiques, 1999

Ulysse Nardin
Quantième perpétuel Ludwig, platine,
mouvement automatique, calibre UN 33,
fonctions calendrier réglables à l'aide
de la couronne, certifié chronomètre
(COSC), 1999

ne sont pas exactement égales à 59 jours, mais à 59 jours, 1 heure, 28 minutes et 5,8 secondes. Sur les montres de grande qualité, cet état de fait est compensé par des rouages spécialement étudiés. Sur la référence 5055 de Philippe Patek par exemple, l'écart entre l'indication de la phase de lune et le cycle lunaire réel atteint un jour après seulement 122 ans et 45 jours.

Lange & Söhne a mis au point un mécanisme dans lequel un disque circulaire effectue un tour sous le cadran en trois phases lunaires, autrement dit en environ 88 jours et presque

Union
Tradition Calendrier complet, acier,
automatique, calibre Union 26-41,
1999

Union
Johannes Dürrstein 2, or rose,
montre-bracelet, calibre Union 40-02,
quantième perpétuel, 2006

Union
Diplomat à quantième
perpétuel, acier, automatique,
Union Calibre 26-53, 2006

Universal Genève
Montre à calendrier avec phase
de lune, or blanc, montre-bracelet,
calibre 291, calendrier complet, 1945

Universal Genève
Tri-Compax, or jaune, montre-bracelet,
calibre 281, calendrier complet,
chronographe, 1948

Universal Genève

Complitech, acier, mouvement automatique, calibre Universal Genève 99 (base ETA 7751), quantième perpétuel, chronographe, 1999

Urban Jürgensen & Sønner

Référence 3, platine, mouvement automatique, quantième perpétuel, 1999

Vacheron Constantin

Chronographe Quantième perpétuel, or rose, mouvement automatique, calibre VC 1136 QP, quantième perpétuel, chronographe, 2006

Vacheron Constantin

Montre à calendrier avec phase de lune, or rouge, mouvement automatique, calibre VC 485, calendrier complet, 2006

Vacheron Constantin

Malte Quantième perpétuel rétrogradant, platine, mouvement automatique, calibre VC 1126 QPR, quantième perpétuel avec indication rétrograde de la date, 2006

280

15 heures. Ce disque montre l'un de ses secteurs dans le guichet rond pratiqué dans le cadran. Deux fois par jour, de complexes rouages le font tourner par intervalles à peine perceptibles. L'affichage est calculé de manière si précise, qu'il faut 1058 ans pour parvenir à un écart d'une journée. À condition que le propriétaire de la montre... la remonte d'ici là de manière régulière.

Wakmann
Chronographe avec calendrier complet, montre-bracelet, calibre Valjoux 730, 1975

Vacheron Constantin
Malte Chronographe quantième perpétuel rétrograde et lunar movement automatique, calibre VC 1110 QP.., 1000

George J. von Burg
Perpetual Calendar, or rose, mouvement automatique, calibre Dubois-Dépraz 2110 (base ETA 2892-A2), quantième perpétuel, chronographe, 2006

Xemex
Piccadilly Calendario Reserve, or rose, mouvement automatique, calibre Soprod 9075 (base ETA 2892-A2), indication des semaines calendaires, 2006

Zenith
Chronomaster Chronographe, or jaune, mouvement automatique, calibre Zenith 410 El Primero, calendrier complet, 1999

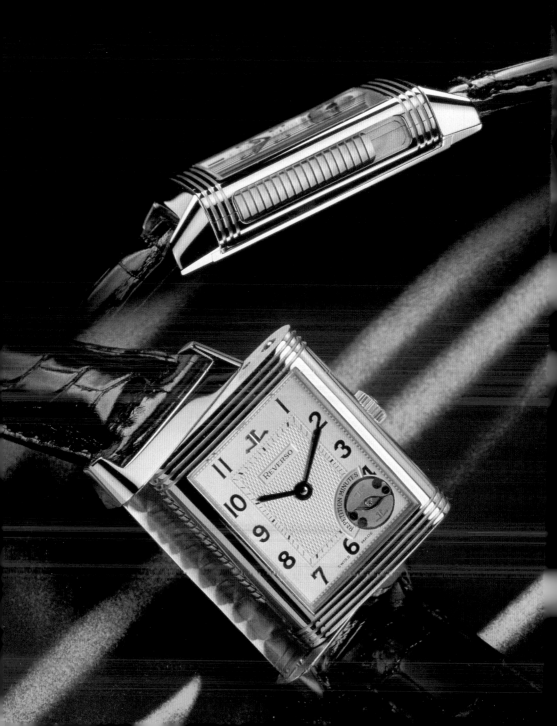

9. MONTRES À RÉPÉTITION

Pour savoir l'heure pendant la nuit, il suffit d'allumer la lumière. Mais ce geste aujourd'hui normal ne l'était pas au XVIIe siècle. D'ingénieux horlogers inventèrent alors une sonnerie pour montres de gousset, permettant de connaître l'heure dans le noir. De nos jours, ces montres, dites à répétition, font partie des ouvrages les plus difficiles à réaliser pour un horloger. C'est pourquoi elles sont rares et leur prix d'acquisition élevé en conséquence.

Audemars Piguet

Grande Complication, platine, montre-bracelet, calibre AP 2885, répétition des heures, des quarts et des minutes, quantième perpétuel, chronographe à rattrapante, 1999

Audemars Piguet

Triple Complication, or jaune, montre-bracelet, calibre AP 2880, répétition des heures, des quarts et des minutes, quantième perpétuel, chronographe, 1999

Audemars Piguet

Tourbillon Répétition minutes Jules Audemars, or rouge, montre-bracelet, calibre AP 2874, 2006

Audemars Piguet

Grande Sonnerie, or jaune, montre-bracelet, calibre AP 2868, répétition des heures et des quarts, petite et grande sonneries, chronographe, 1999

Très vite après la mise au point des premières montres mécaniques apparaissent des modèles équipés d'une sonnerie. L'introduction de cette nouvelle fonction se justifie par une raison pratique : les horlogers souhaitent tout simplement pouvoir diffuser les informations fournies par les clochers des églises – seuls endroits où l'on trouvait des horloges à l'époque – durant les longues périodes d'obscurité de l'hiver européen. On peut alors, durant la nuit, indiquer au moins de manière approximative, « l'heure qui vient de sonner ». Tout d'abord, les sonneries n'indiqueront que les heures, puis viendront des sonneries pour les demi-heures et les quarts d'heure.

Audemars Piguet

Répétition minutes et heures sautantes, or jaune, montre-bracelet, calibre AP 2865, répétition des heures, des quarts et des minutes, lecture numérique des heures sautantes, 1999

Audemars Piguet

Dynamographe Jules Audemars, or blanc, montre-bracelet, calibre AP 2891, sonnerie à 3 timbres (carillon), 2006

Blancpain

Le Brassus Grande Complication 1735, platine, mouvement automatique, calibre Blancpain 1735, répétition des quarts et des minutes, quantième perpétuel, chronographe à rattrapante, 1999

Blancpain

Répétition minutes 2100, or jaune, mouvement automatique, calibre Blancpain 35, répétition des heures, des quarts et des minutes, 1999

285

Blancpain
Répétition minutes, platine,
mouvement automatique, calibre
Blancpain 35, répétition des quarts
et des minutes, 2006

Les premières montres de gousset à sonnerie datent du XVIIᵉ siècle. La mise au point de cette complication est essentiellement l'œuvre du génie de l'horlogerie Abraham-Louis Breguet, qui remplacera les clochettes par des timbres moins encombrants.

Outre le défi que représentent ces montres pour les horlogers, leur justification pratique sera toujours la même : donner aux personnes fortunées qui sont les seules à pouvoir s'offrir de telles montres, la possibilité de connaître l'heure, même dans l'obscurité. Pour ce faire, il y a les montres dites à répétition, sur lesquelles un verrou ou un poussoir permet de remonter les ressorts de barillet de la sonnerie, qui donne alors instantanément une indication acoustique de l'heure, plus ou moins exacte suivant le modèle.

Breguet
Répétition minutes Quantième
perpétuel, platine, montre-bracelet,
calibre Breguet 567 RMP, 2006

De Witt
Academia Répétition minutes, or rouge,
montre-bracelet, calibre De Witt 1188
(base Claret 88), répétition des quarts
et des minutes, 2006

Bvlgari
Anfiteatro Répétition minutes, montre-
bracelet à boîtier en platine, calibre
GP 9950, répétition des quarts et
des minutes, 2006

Corum

Admiral's Cup, répétition des quarts,
or jaune, mouvement automatique, calibre
Corum 58, (base calibre Fréderic Piguet 70),
répétition avec images animées dans les
trois fenêtres du cadran, 1999

Roger Dubuis

MuchMore Répétition minutes, or
blanc, montre-bracelet, calibre RD 26,
répétition des quarts et des minutes,
édition limitée à 28 exemplaires, 2006

Chronoswiss

Répétition à quarts, acier, mouvement
automatique, calibre Chronoswiss C.126
(base Enicar 165 avec module de sonnerie),
mécanisme à répétition avec sonnerie
des quarts d'heure, 2006

Epos

Répétition 5 minutes, acier inoxydable,
mouvement automatique, calibre
Dubois-Dépraz D 88, sonnerie
à 1 coup toutes les heures et 2 coups
toutes les 5 minutes, 2006

287

Girard-Perregaux

Richeville Répétition minutes, or jaune, montre-bracelet, calibre GP 9896, répétition des heures, des quarts et des minutes, quantième perpétuel, 1999

IWC

Il Destriero Scafusia, or rouge, montre-bracelet, calibre IWC C.18680, répétition des heures, des quarts et des minutes, tourbillon, quantième perpétuel, chronographe à rattrapante, 1999

Ces montres sonnent les heures, les quarts, voire les minutes. Dans ce dernier cas, elles sonnent tout d'abord les heures, puis les quarts d'heure écoulés depuis la dernière heure révolue, et ensuite, les minutes écoulées depuis le dernier quart d'heure. Pour que l'on puisse différencier les coups, différentes tonalités sont produites, les marteaux tapant sur deux timbres, seuls ou ensemble. Le schéma le plus utilisé est le suivant : les heures sont indiquées par un ton grave, les quarts d'heure par une frappe simultanée sur les deux timbres, et les minutes par un coup sur le timbre à son clair.

Gérald Genta

Grande Sonnerie, or blanc, mouvement automatique, calibre GG 8561, répétition des heures, des quarts et des minutes, petite et grande sonneries, tourbillon, 1999

De Grisogono

Occhio, or rouge, montre-bracelet, répétition minutes à 3 timbres, cadran constitué d'un diaphragme composé de volets mobiles s'ouvrant lorsque se déclenche le mécanisme de sonnerie, 2006

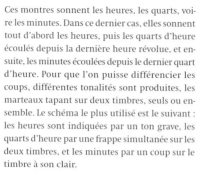

Gérald Genta

Octo Répétition minutes, or rouge, mouvement automatique, calibre GG 8501, répétition des quarts et des minutes, lecture numérique des heures sautantes, 2006

Kelek
Répétition 5 minutes, or jaune,
mouvement automatique, calibre
Kelek DK 87 (base calibre ETA
avec module), 1999

Kelek
Répétition à quarts, acier, mouvement
automatique, calibre Kelek DK 94
(base calibre ETA avec module), 1999

IWC
Grande Complication, platine, mouvement
automatique, calibre IWC C.79091, répétition
des heures, des quarts et des minutes, quantième
perpétuel, chronographe, 1999

Jaeger-LeCoultre
Répétition minutes Antoine LeCoultre, platine,
montre-bracelet, calibre JLC 947, indication
de la réserve de marche et du couple
des barillets, 2006

Selon une technique encore plus complexe, les coups sont automatiquement déclenchés par le mécanisme. Si la « petite sonnerie » retentit automatiquement à chaque heure d'horloge, la « grande sonnerie » peut retentir chaque quart d'heure. Ce dispositif peut bien sûr être activé à tout moment à l'aide du verrou et enrichi d'autres timbres. Cela permet d'obtenir une petite mélodie, comme celle de Big Ben. On parle dans ce cas d'un « carillon ».

La miniaturisation des sonneries pour montres-bracelets est, avec le tourbillon, ce qui se fait de mieux dans l'art horloger. Aussi, avant de terminer, revenons brièvement sur le mode de fonctionnement si complexe d'une sonnerie de montre.

Franck Muller
Cintrée Curvex Tourbillon Répétition, platine, mouvement automatique, calibre FM TFM95, répétition des heures, des quarts et des minutes, tourbillon, 1999

Parmigiani
Toric Corrector, platine, montre-bracelet, calibre Parmigiani 255, répétition minutes, quantième perpétuel, 2006

JeanRichard
TV Screen Répétition minutes, or blanc, montre bracelet, calibre JR 88 (base Claret 88), répétition des quarts et des minutes, 2006

Franck Muller
Conquistador, platine, mouvement automatique, calibre FM RMQPR, répétition des heures, des quarts et des minutes, quantième perpétuel, 1999

Nivrel
Répétition 5 minutes, acier, mouvement automatique, calibre Dubois-Dépraz 87 (base ETA 2892-A2), 2006

Parmigiani

Toric Westminster, platine, montre-bracelet, calibre Parmigiani 252, répétition des quarts et des minutes à 4 timbres (carillon Westminster), indication 24 heures (second fuseau horaire GMT), 2006

Daniel Roth

Grande Sonnerie, or blanc, mouvement automatique, calibre DR 760 (base GG 3100), répétition des quarts et des minutes à 4 timbres (carillon Westminster), 2006

Parmigiani

Kalpa XL Répétition minutes, platine, montre-bracelet, calibre Parmigiani 350, répétition des quarts et des minutes, 2006

Robergé

Andromède II Répétition minutes, or blanc, montre-bracelet, base calibre Lémania 2179, 1999

Paul Picot

Atelier 818 Répétition minutes, or rose, montre-bracelet, répétition des heures, des quarts et des minutes, 1999

Voici donc une description sommaire du mécanisme de ces merveilles de technique : le nombre de coups est déterminé par des poulies à gradins, que le mouvement d'horlogerie fait tourner en permanence ; des crémaillères courbes dentées, appelés râteaux, tombent, sous la pression légère de petits ressorts, sur les gradins, dont la hauteur varie suivant l'heure ; les râteaux sont ensuite ramenés par un engrenage dans leur position de repos, une dent après l'autre ; le nombre de tours nécessaires à cet effet détermine combien de fois les petits marteaux de la minuterie frappent sur les timbres enroulés autour du mouvement d'horlogerie.

Nous l'avons vu, le mécanisme est déclenché à l'aide d'un verrou, généralement situé sur la gauche du boîtier. Lorsqu'il est tiré vers le bas, le propriétaire de la montre transmet de l'énergie à la sonnerie. Lorsqu'il est désengagé, la sonnerie se

Daniel Roth
Répétition minutes Quantième perpétuel, or blanc, montre-bracelet, calibre Daniel Roth, répétition des heures, des quarts et des minutes, 1995

Daniel Roth
Ellipsocurvex Répétition minutes, or blanc, mouvement automatique, calibre DR 750, répétition des minutes, 2006

Urban Jürgensen & Sønner
Répétition minutes, platine montre-bracelet, répétition des heures, des quarts et des minutes, 2006

293

comporte comme décrit plus haut. Si le verrou n'est pas actionné de manière assez énergique, la montre sonne la mauvaise heure. C'est pourquoi les bonnes sonneries disposent d'une « commutation tout ou rien ». Dans ce cas, lorsque le mécanisme de répétition est manipulé de manière hésitante ou incorrecte, rien ne se passe. Mais lorsque la montre sonne, son propriétaire peut être assuré que le nombre de coups correspond bien à l'heure indiquée sur le cadran.

Ulysse Nardin
San Marco Sonnerie en passant, platine, mouvement automatique, calibre UN 75, répétition des heures et des demi-heures en passant ou sur commande, personnage sur le cadran s'animant durant la répétition, 1999

Harry Winston
Quantième perpétuel avec répétition minutes, platine, montre-bracelet, 1999

Vacheron Constantin
Les Complications Répétition minutes Squelette, or rose, montre-bracelet, calibre Vacheron Constantin 1755 QP, répétition des heures, des quarts et des minutes, 1999

Vacheron Constantin
Les Complications Répétition minutes, or jaune, montre-bracelet, calibre Vacheron Constantin 1755 QP, répétition des heures, des quarts et des minutes, quantième perpétuel, 1999

Vacheron Constantin

Tour de l'Île, or rose, montre-bracelet, calibre Vacheron Constantin
2750, 16 complications, dont le tourbillon minute, la répétition
des minutes, le quantième perpétuel, l'indication de l'équation
du temps marchante, édition du jubilé pour le 250ᵉ anniversaire
de la maison, édition limitée à 7 exemplaires, 2005

10. INDEX